AF444062

PIÑERA PORNO

ALBERTO MAYOL

PIÑERA PORNO

Clímax y caída de la obscenidad neoliberal

Colección La Cosa Nostra

Catalonia

MAYOL, ALBERTO

Piñera porno

Clímax y caída de la obscenidad neoliberal

Santiago, Chile: Catalonia, 2021
124 p.; 15 x 23 cm

ISBN: 978-956-324-911-8

POLÍTICA Y GOBIERNO

JP

Diseño de portada: Guarulo & Aloms
Fotografía de portada: intervención fotográfica, por Mateo Infante.
Corrección de textos: Hugo Rojas Miño
Diagramación interior: Salgó Ltda.

Dirección editorial: Arturo Infante Reñasco

Primera edición: octubre, 2021

ISBN: 978-956-324-911-8
RPI: 2021-A-9314

© Alberto Mayol
© Editorial Catalonia Ltda.
Santa Isabel 1235, Providencia
Santiago de Chile
www.catalonia.cl - @catalonialibros

He aquí tú, Sebastián

Patriarca de tiempos obscenos. He aquí tú, Sebastián. Un yo dañado y prominente, fuente de turbación y recelo, fuente de ceguera, de una oscuridad que no reside en el cuerpo, de una oscuridad que es tu espíritu de tormento. He aquí tú, Sebastián, viviendo tus tiempos destituyentes, la caída de tu nombre y tus ideas, la conversión en polvo de tu vano orgullo. Sí, eres tú, hombre récord, genio de las finanzas y dos veces todopoderoso en nuestra tierra. Sí, eres tú, clímax y caída de la era del dinero. Sí, eres tú, Sebastián, banderitas absurdas, piedras para reinas, hombros inquictos, nictos comunicacionales, espasmos en forma de palabras, empresas zombis, una esposa avergonzada, contratos de explícita malicia. Sí, eres tú, Sebastián, comprador de almas, vendedor de la tuya propia. Eres tú, Sebastián, he aquí simplemente tú, un avaro impenitente, la intriga de un evasor a cargo del fisco. Eres tú, Sebastián, carne destituida, caminante confuso de tiempos refundacionales. He aquí tú, Sebastián, en medio de una era constituyente que te cayó encima para sumar a tu derrota la ofensa de los tuyos. Sí, eres tú, Sebastián, no te equivocas al pensar que es tu propia alma la que gime en los infiernos, no te equivocas si ves a tu alrededor cómo te vas convirtiendo en chivo expiatorio. He aquí un país, Sebastián, que de tanto deshonrarlo fue por su honra, que de tanto denostarlo fue por su dignidad. He aquí un país, un pueblo, Sebastián, obligado a luchar contra tus demonios, que reconstruye los tejidos rotos que dejaste y afronta el dolor de esos cuerpos donde se vengó tu dolor infame. Buscaste amor, Sebastián, encontraste dinero. Buscaste amor, Sebastián, encontraste votos. Buscaste amor, Sebastián, pero nunca lo encontraste. Y solo te quedó la pornografía.

ÍNDICE

La caída

Todos los años, los presidentes de la República asisten a dar el discurso final que permite ritualmente cerrar el famoso foro de empresarios llamado Encuentro Nacional de la Empresa (Enade). Recurramos a la imaginación para vislumbrar un escenario tan imposible como cierto (sí, un escenario puede ser imposible y cierto). Si Sebastián Piñera hubiese llegado a Enade con un carrito de supermercado informando que traía un par de novedades como la muerte de la Constitución Política de 1980, el aumento del gasto público, el retiro de dinero de los fondos de pensiones, una mapuche presidiendo el proceso constituyente, en fin; si eso hubiese ocurrido, el horror se habría depositado en los empresarios y la vergüenza habría caído sobre los móviles hombros del Presidente. Y la verdad es que ha ocurrido. El acontecimiento no ha encontrado palabras, no ha tenido teatralización, pero ahí está, explícito, indesmentible. Piñera ha tenido dos gobiernos destructivos para su sector: en el primero cayó la Iglesia católica, la educación de mercado, los proyectos de alta intervención medioambiental. En el segundo el asunto ha sido ostensiblemente peor. En la práctica, Sebastián Piñera ha llegado a Enade con su carrito de supermercado con una ofrenda ominosa para el empresariado. Ha sido el líder de los principales procesos de gran contaminación de la imagen empresarial, ha sido un pilar para el daño reputacional y la pérdida de legitimidad del neoliberalismo. En Chile hay un rótulo para ello: el *palito con caca*. Piñera ha sido el palito con caca del modelo.

Piñera es el demiurgo de un nuevo mundo, un mundo nuevo que es una pesadilla para quienes constituyen el sector político del Presidente. Con Sebastián Piñera se muere la derecha que se sintetizó en dictadura y se consolidó en la transición, pero también muere la derecha histórica, oligárquica, hispanista, conservadora. El liberalismo y el conservadurismo parecen sometidos a un proceso luctuoso. Destruir al liberalismo y al conservadurismo al mismo tiempo es un acto extraordinario, es la magia de un ángel de la muerte.

La caída de las derechas históricas en manos de Piñera se representa en la siguiente escena: la ley que creó el proceso constituyente chileno fue firmada por Sebastián Piñera Echenique, Felipe Ward Edwards y Gonzalo Blumel Mac Iver. Bastará apreciar los apellidos, lo que en Chile entendemos como "buenos apellidos", ya sea porque son cruciales en la historia política de Chile (Edwards, Mac Iver), ya sea porque son relevantes en la historia de otros países de América Latina (Echenique en Perú), ya sea porque son historias familiares trazables con claridad por siglos (Piñera desde el siglo XVIII) o porque se trata de apellidos europeos no castellanos, como Ward (inglés) o Blumel (alemán); decía que bastará observar los apellidos para comprender la magnitud de la caída de la oligarquía histórica y la reciente y poderosa burguesía. Estas tres autoridades chilenas han firmado el proceso constituyente, han firmado el fin de la Constitución de Jaime Guzmán Errázuriz (apellido vasco, apellido de Presidentes, de madre de apellido Edwards); han firmado este proceso tres hombres blancos, de familias ricas y poderosas, lo han firmado sin desearlo, como lo declaró el ministro del Interior de Sebastián Piñera cuando comenzaba el gobierno de Piñera y fue a Enade a dar un discurso, Andrés Chadwick. En ese instante declaró que había muchos proyectos que el nuevo gobierno deseaba que avanzaran, pero que había un proyecto que no querían que tuviera avance alguno: el proyecto de nueva Constitución Política. Lo hizo con histrionismo, sacándose los lentes, demostrando poder. Por entonces era ministro del Interior, también era (y siempre ha sido) primo hermano del Presidente de la República (y también con sus "buenos apellidos"). Finalmente Chadwick no solo saldría del gobierno luego del estallido social, sino que además sería votada a favor una acusación constitucional en su contra, que lo ha sancionado a no poder ejercer cargos públicos por cinco años. ¿La razón? No haber usado la Constitución y las leyes para evitar las violaciones sistemáticas a los Derechos Humanos que se produjeron durante los días siguientes al estallido social (del 18 de octubre de 2019).

Resulta ser que, hoy por hoy, la Convención Constituyente es presidida por Elisa Loncón Antileo, no solo con dos apellidos que no participan de la elite, sino con dos apellidos mapuches.

Este sencillo ejemplo muestra que vivimos una época de estrepitosa decadencia de la elite de la transición y de la elite tradicional de la historia oligárquica de Chile. Cae un orden de dos siglos y un suborden de cuarenta años. Vivimos el final del proceso de la posdictadura, de la transición, del neoliberalismo; usted lo llama como quiera. Lo cierto es que se cae. Y con ello se desplazan las placas tectónicas más profundas. Es obvio que no todo cambiará, nunca acontece. Pero indudablemente lo que estamos viviendo es un cataclismo político.

No todos los órdenes se caen igual. La Edad Media se cayó en la forma de Barroco o de Gótico flamígero en las catedrales, con hermoso canto gregoriano y herejes correteando en los pueblos para promover sus doctrinas o para huir de las persecuciones (en estos últimos casos el correteo era más dramático, pero igualmente teatral). La Unión Soviética se destruyó desde que Gorbachov enunció la doctrina Sinatra[1]. Había bastado que personas de otro país (Alemania Oriental o RDA) rompieran con sus manos, sin un arma, un muro divisorio. Nadie disparó un revólver ni blandió al aire un cuchillo, no hubo enfrentamientos, solo fue alegría arriba de un muro decadente y silencio de la parte derrotada. El jerarca de la RDA terminó viviendo en Chile (y la derecha no lo molestó en absoluto, era la decencia del acuerdo entre dos exdictaduras). Luego de ello, un imperio se derrumbó en cosa de días. No es normal que el segundo espacio orgánico de influencia global cayera en pedazos sin choque de trenes, sin librar una batalla decisiva, sin muertos. Fue sorprendente. Las épocas se caen, cada una a su manera. Eso podríamos decir, con Sinatra. Pero no siempre es tan cierto. Siempre, en todas las épocas, en todos los

---

1 Ya terminaba 1989 y la debilidad de la URSS era ostensible. Entonces, apostando a que el Pacto de Varsovia en la práctica dejaría de operar (porque estructuraba el poder de la URSS en la zona), Gorbachov prefirió quitarle peso a dicho pacto y señalar que, como Sinatra, él diría "I did it my way", en referencia a que cada país tenía la opción de actuar con la doctrina Sinatra como música de fondo. De ese modo, cada uno actuaría a su manera.

procesos, el derrumbe de una época puede mostrarnos la morfología de su caída, la apabullante sinfonía de su destrucción. ¿Cómo es la sinfonía del orden que ha caído en Chile? ¿Cuál es el tono, el color, el sabor de esta muerte?

Diremos que esta muerte violenta se da en modo obsceno. He aquí el punto que se desea marcar en este opúsculo. Y que el símbolo de esta época es el Presidente de la República, el señor Sebastián Piñera Echenique, único representante de la derecha que ha llegado en la historia a gobernar gracias a votaciones superiores al 50% y que, por lo demás, ha gobernado dos veces. Sus récords, su éxito, son evidentes. Tres mil millones de dólares acumulados en una generación, dos veces Presidente de Chile; son razones tan simples como suficientes para denominarlo un 'hombre exitoso'. Esos extraordinarios logros contrastan, sin embargo, con la devastación de su sector político y del ambiente empresarial al terminar su gobierno, comparable hoy ese espacio político a una estepa rusa. Sebastián Piñera entrega una derecha que aún arde en el tormento del estallido social, del plebiscito constituyente y de haber perdido oficialmente su tercio histórico en la elección de constituyentes. La última esperanza del sector es el temor a la izquierda y la posible captura de los decadentes, en la esperanza de quitar votos al centro político en la medida en que se pueda radicalizar la izquierda. Por cierto, eso sin contar la siempre fundamentada esperanza de que la izquierda cometa consecutivos errores y dilapide la fortuna que los dioses le han procurado en estos últimos años. En política, la fe en la estupidez del rival suele mover montañas. Y en el caso de la derecha chilena, su fe en esta variable es, con justa razón, poderosa.

El escenario de restauración siempre es posible. La historia de los grupos, de los colectivos, es siempre relativamente estable en sus procesos. Aquellas fuerzas nuevas que se hacen cargo de un momento histórico y de un lugar, normalmente, deben vencer durísimas pruebas para estabilizar su poder. La derecha ha perdido su poder, pero no lo ha ganado nadie aún. Hay candidaturas serias y menos serias para ello, pero no ha acontecido que *alguien* tome en sus manos el proceso con eficacia. Y menos que lo haya estabilizado. El estallido fractura, rompe, cercena, devasta. La Convención Constituyente es el primer espacio de construcción del futuro, el primer tejido, el primer esfuerzo de volver a unir las partes rotas. Pero todavía la era no ha parido un corazón, aunque igual se muera de dolor.

¿Cómo se cae la época que hemos habitado? ¿Cómo cae la época del sumo sacerdote Aylwin; la época que se consolidó con el nombre del padre y nada más (Frei); la época que vio llegar al héroe absolutista Lagos que dijo "la democracia soy yo, el verdadero padre soy yo"? ¿Cómo se cae el símbolo cristológico de Bachelet, hecha de dolor y perdón; y cómo se cae el arquetipo de la fortuna y el éxito de Piñera? ¿Cómo se cae la época cuyo símbolo político es la estabilidad y cuyo valor es el crecimiento? Estabilidad para el crecimiento, fue ese el alma de la época. La Concertación tuvo los cargos; la derecha, el poder. Los empresarios se quedaron con la aburrida y modesta tasa de ganancia. Y al final la Concertación perdió los cargos y la derecha perdió el poder. Los empresarios lloran y se refugian en un fascista. No pudieron inventar un innovador, se quedaron con el fantasma de un dictador, una réplica entre el pinochetismo y el nacionalsocialismo. La derecha prometió la modernización y hoy ofrece ser retaguardia.

Cabía esperar tantas rutas, tantos caminos, tantas posibilidades. Cabía esperar sutilezas, una que otra clarividencia, una metáfora suficiente, un guiño literario que nos pasmase a todos. Pero no ha sido la forma, no ha sido el modo de la caída. Al final, hemos vivido una puesta en escena hecha de obscenidad, de pornografía. Sebastián Piñera prometió que Chile, gracias a él, no se convertiría en Venezuela. De pronto arreció la violencia y la inestabilidad; y el fantasma de Venezuela parecía ofrendar una ironía al palacio de gobierno. Después vino un proceso constituyente con convencionales electos: ya se parecía más a Venezuela. Finalmente, el Presidente de la República aparece en cientos de periódicos por todo el mundo debido a la desclasificación de información internacional que lo compromete en negocios en paraísos fiscales y posibles negociaciones incompatibles. Un párrafo del contrato es pornográfico: el comprador, un amigo de Piñera, el hombre que estuvo preso por el caso Penta, condiciona el pago de la última cuota a decisiones del gobierno. Y se firma. La familia del Presidente, y el mejor amigo del Presidente, firman el contrato que establece que parte del cumplimiento de dicho acuerdo dependerá de las acciones que ejecute (o no) el gobierno. ¿Venezuela? Sí, una forma de venezolanización llena de abogados.

Chile protesta, exige, insulta. Y los defensores del pornógrafo principal han alzado los brazos al cielo para decir: "No es la forma". Toda la síntesis histórica de la oligarquía y la burguesía ha terminado en un grito tibio bajo la doctrina sin precedentes del "no-es-la-formismo". El símbolo de esta época, hemos dicho, es Sebastián Piñera Echenique. Es irónico, incluso cómico, que sea directamente el gobierno el que insiste día por día en la ya mencionada doctrina, cuya sentencia fundamental es que puede haber fundamento en el malestar, que puede haber una necesaria crítica a los problemas de la sociedad chilena del reciente pasado, pero que "no es la forma" la radicalización, la denuncia intensa o la protesta con desórdenes públicos y atentados contra la propiedad. La doctrina, repetida hasta el hartazgo por la derecha gobernante, parece incapaz de observar la propia obscenidad de su actuar y el carácter estructural de esta forma procaz mientras la misma derecha decae, agoniza y se muere. La mayor parte de las elites muere lentamente, se sostiene en lo que hay, se escabulle de los problemas hasta quedar arrinconada y sin salida. La forma de morir de la elite chilena, predominante en el empresariado, parece ser muy distinta. Quizás convencidos de su razón, siendo incapaces de hacer o decir algo distinto; sencillamente esperan, como la canción, que ojalá pase algo en Chile, algo que lo borre de pronto (al estallido, por supuesto), una luz cegadora, un disparo de nieve, que ojalá por lo menos se lo lleve la muerte. O Carabineros. O quizás un sueño más ominoso.

***

Esta obra no es una investigación. Es una reflexión sobre el pornográfico presente de nuestra decadencia. Esta época tiene el símbolo de Sebastián Piñera, que es el nombre que resume todo el proceso. Es el asesino, es el asesinado; su nombre es la promesa de una época, su nombre es la decepción de una época. Porque la promesa de nuestra transición no era Lagos, ni Aylwin, indudablemente no era Frei (nunca ha sido una promesa para nadie). Es cierto que era un poco Bachelet, el perdón, la concordia, la superación de la sangre y las lágrimas; Bachelet Cristo crucificado y luego resucitado. Y al final Bachelet cayendo por no entender que para ser Cristo es preferible no tener hijos. Todos estos líderes (Aylwin, Lagos, Bachelet) fueron símbolos importantes. Frei no, ya lo dijimos, no hagamos de su mediocridad motivo de sorna. Pero había, en medio, líderes con diversos méritos, un hombre agazapado en el borde de la historia que esperaba su momento para convertirse no solo en un símbolo, sino que también en un arquetipo: Sebastián Piñera Echenique, hijo ilegítimo de la derecha, hijo ilegítimo del empresariado, un genio en situarse donde ganar, un acelerador de partículas capaz de generar a su paso bombas atómicas en la sociedad. Un Michael Corleone para el crecimiento, un Fredo Corleone para la estabilización. Genio y estúpido, pero siempre banal. Antes sencillo que muerto.

El gran sujeto histórico de estos treinta años es el millonario exitoso, el hombre que se hizo a sí mismo, que triunfó, que conoció la gloria en la forma en que la comprendemos en Chile: el dinero ilimitado que todo lo compra, que conduce por cualquier camino, que todo lo puede. Si Bachelet fue Presidenta dos veces fue por el cansancio ante la elite política. Si Piñera fue Presidente dos veces fue por otorgarle la fe a la elite económica. Por supuesto, es una fe manchada; una fe llena de peros, de dudas, de inquietudes malsanas; una fe tormentosa en el alma ciudadana; una fe hecha de créditos de consumo. Una mala fe. Pero una fe al fin y al cabo. Y habrá que decirlo, aunque ya se dijo de algún modo: es una fe psicótica, llena de energía incontrolable despertándose en la mente sin control. Pero de nuevo volvemos a lo mismo, reiteremos, eso enseña la Biblia: es una fe. Y es que todos íbamos a ser ricos. ¿Quién podía negarse a semejante seducción? Como una versión mecánica de las obras de Byung-Chul Han, Chile fue gobernado por el cansancio (Bachelet), luego por el rendimiento (Piñera), después de nuevo el cansancio (Bachelet) y finalmente de nuevo el rendimiento (Piñera). En el cansancio no hubo mucho, un par de multiplicaciones por cero cada vez, sin desmerecer uno que otro acierto. Y en el rendimiento hubo mucho, un enorme movimiento primero, otro más grande después, una entropía desbordante y sin sutilezas. La Bachelet del cansancio y el Piñera del rendimiento son figuras que sirven para empezar, aunque al final el cansancio solo supo ser cansancio mientras el rendimiento dejaba de ser rendimiento.

Al cansancio le fue mejor que al rendimiento. Y es que el rendimiento estaba atrapado, porque produce cansancio.

Por supuesto, arquetipos de la obscenidad nuestra de cada día hay muchos. Aquí se presentarán solo tres; siempre la trinidad es una fórmula equilibrada y hermosa. Sebastián Piñera, el primero y en rigor el único, el más grande pornógrafo de nuestro tiempo. A él dedicamos estas páginas. Los otros dos nombres son emanaciones del primer nombre, son efluvios metafísicos de la época que puso a Piñera como principio activo: Karol Dance será el segundo nombre, Pamela Jiles será el tercer nombre, sin capítulo propio en cualquier caso. Vaya trinidad. No osaré explicar la selección antes de tiempo. Más de alguien ha quedado afuera. Esta trinidad sirve para pensar y para escribir, dos cosas valiosas. Pero es indudable que esta trinidad (como corresponde teologalmente) es al mismo tiempo *una*, o, en rigor, *uno*. Se trata del gran pornógrafo de la historia de Chile: Sebastián Piñera. Reconozco que el repertorio aquí expresado no es exhaustivo, me basta con que sirva de guía para observar la oscuridad circundante y el fuego que se toma la noche.

Y para entender habrá que mirar el fuego.

Estuvimos años mirando el dinero para saber de qué color era el futuro. Y de repente el dinero perdió significado. Los treinta pesos no explicaban nada. Un país condensó en tres monedas de diez pesos la ira ante una sociedad injusta.

Así fue que se inició el fuego. Pero nadie sabe realmente cuándo comienza el fuego.

Y en este caso no se sabe ni quién lo comenzó.

Imaginen lo que sería saber cuándo terminará el fuego.

1.
Piñera sepulturero

Un fantasma recorre Chile. Se trata del fantasma de la derecha.

No es el espectro del futuro. Es el fantasma del padre muerto. No somos Hamlet viendo la injusticia cometida contra su padre, la traición. Somos un Cristo rebelde que insulta a las autoridades porque han olvidado los preceptos éticos básicos.

La derecha solo es un fantasma

Y es que la derecha ha muerto.

Y todo está permitido.

Una situación lo ilustra: los pueblos originarios son un poder irrefrenable en la Convención Constituyente. Lo han llamado, desde la derecha, "mapuchización". Pero los ejemplos se acumulan como horas. Si el neoliberalismo había sepultado todo rito social de corte político, el nuevo escenario es altamente ritualista. Gran parte de las situaciones que acontecen en la Convención Constitucional están centradas en dar un significado al momento, en ilustrar con un gesto la refundación chilena y el nuevo significado de lo de abajo respecto a lo de arriba. Los pueblos originarios hablan en su idioma, el Vicepresidente de la Convención, Jaime Bassa, intercala al hablar "nosotros" con "nosotras". Los nuevos dioses exigen su satisfacción, aunque no sepan todavía qué harán en el futuro ni cuál será su panteón. Hemos entrado al TOC, estábamos en el tic. El TOC, que es ritualista —en su dimensión repetitiva— es una superación del tic, que es un espasmo.

La derecha ha muerto en manos de sí misma, en manos de un hijo, o al menos de un hijastro. La derecha chilena, bien provista de dos proyectos históricos sólidos —uno más político que económico, el otro más económico que político—, hoy vaga por el desierto buscando un dios esquivo. Por siglos bastó con uno de esos proyectos.

Luego vino la modificación, la tentación quizás, una nueva alma para la derecha, eso que llamamos neoliberalismo si usamos la palabra para describir una especie de doctrina. Esa nueva alma creció, se fortaleció; sus rosados pómulos revelaban el ímpetu de la nueva creatura, hecha de crecimiento económico, de esperanza de consumo y de un futuro mejor. Cuando ya parecía madura, esa alma se derrumbó. Y en su camino de caída, como una riada incontrolable, no solo murió el nuevo proyecto, sino que todo lo demás; esto es, todo lo anterior.

La derecha ha muerto. Y es un fantasma que recorre Chile.

Todo comenzó con treinta pesos. Y con un Presidente que hizo de corazón, tripas; de adjetivos, banalidades, y que transmutó los logros en carencias. Todo comenzó con una elite que asumía que valía más que esos treinta pesos. Una elite que asumía que los sólidos cimientos de su historia agraria, de sus instituciones tradicionales y respetadas, de sus dos apellidos buenos, del éxito económico, de la transición ejemplar, de la admiración mundial eran suficientes para afrontar esos treinta pesos. Así visto cualquiera se lo cree. Pero el asunto es que no fue así. Fue tan distinto que luego del orden no vino otra cosa sino el caos. Los proyectos históricos de la derecha perdieron los ladrillos y el cemento. La obra reveló su incapacidad, su falta de temple, su baja resiliencia. El país exitoso, el ejemplo global, caía en desgracia. Parecía un niño abusado, con episodios disruptivos, con cambios intempestivos. Fue así como, en un par de días de octubre de 2019, lo que quedaba en pie luego de muchas fracturas terminó por desmoronarse. ¿Cómo se explica haber elegido al Presidente del neoliberalismo para luego hacerlo arder en la hoguera? ¿Cómo explicamos a los extranjeros el oasis mientras vivimos convencidos de su radical falsedad?

La historia parecía no tener sentido.

Pero a la vez lo sabíamos. Sabíamos que había piezas que no cuajaban, que había secretos incómodos, que Chile era un escaparate que se veía mucho mejor de lo que era.

Es probable que buscarle sentido a la historia sea un ejercicio más artístico que científico. Pero es tan difícil no buscarle sentido a la historia que se requeriría un método para no hacerlo. Y yo lo desconozco. De esta búsqueda del sentido de la historia surge la pregunta que nos conduce al primer planteamiento: ¿por qué tantas cosas se mueren en las manos de Sebastián Piñera? El listado es tan grande que más de alguien pensará que exagero, pero lo cierto es que, por casualidad o causalidad, en manos de Sebastián Piñera han muerto:

— el sistema de AFP,
— la elite transicional chilena,
— la Constitución Política de 1980,
— el modelo de economía de mercado y de Estado subsidiario,
— el régimen tributario beneficioso para los más ricos,
— la sacralidad del Metro de Santiago,
— el régimen legal y oficioso de horas de trabajo semanal,
— el poder de la Iglesia,
— la educación de mercado,
— la derecha pinochetista,
— el Chile de la imaginaria blanquitud,
— el orden constitucional oligárquico e hispanista de doscientos años.

Piñera ha destruido la fe en la transición y en la democracia de los acuerdos. Son treinta años. Y ha destruido la elite transicional. Son treinta años. Y el modelo neoliberal: son cuarenta años. Y a la derecha como corazón eficaz del orden instituido: casi medio siglo. Y a la derecha como orden espiritual: son doscientos años. Y a la blanquitud como identidad de un mestizaje con autosignificación europea. Son quinientos años. Piñera ha sido el destructor de la historia, el nombre más revolucionario de la historia de Chile, el *joker* de un mundo que necesitaba un alma enferma para que todo terminara de caer.

Quizás las protestas se transformen y sean un rutilante desfile por las calles con máscaras de Sebastián Piñera Echenique. Como ironía de la historia, resulta ser que el gran arquitecto del modelo de libre mercado haya sido su hermano José, ministro del Trabajo de Augusto Pinochet, espacio político desde donde se fraguó el plan laboral y se estableció el sistema privado de pensiones. Esas dos claves no ocurrieron en la Constitución ni en el famosísimo y rutilante

Ministerio de Hacienda, cuya magia inundó la dictadura y la transición. Fue en el lugar más gris, en el Ministerio del Trabajo, en manos de José Piñera Echenique, el gran arquitecto que estabilizó el riesgoso dinamismo posiblemente disruptivo del modelo económico y lo hizo viable, empresarialmente viable, el trabajo al servicio del capital. José Piñera saluda la tumba de Marx. Así fue el hermano "arquitecto" del pornógrafo mayor.

Una familia de aquellas.

¿Cómo atribuirle la autoría a Sebastián Piñera de todas estas muertes? ¿No será demasiado mérito declararlo autor de tanta devastación? ¿Es Piñera el ángel de la muerte? Estas preguntas se desvanecen de vergüenza filosófica cuando nos situamos en los límites de la filosofía contemporánea y cambiamos la pregunta: ¿Qué es ser un autor? Esto es una cosa muy francesa. A mí al menos son juegos que me divierten, pero no estoy de acuerdo con ellos. Igual los hago, porque me divierten, como digo. Y en realidad quizás estoy de acuerdo.

Roland Barthes señaló (y de algún modo Mallarmé, Foucault, Derrida plantearon argumentos semejantes) la necesidad de suspender o suprimir la noción de autoría tal y como la entendemos. El autor aparece como el propietario de una idea, de una construcción, de un significado, de una hipótesis. En un juego que en la literatura repiten Juan Rulfo y García Márquez. Tanto en *Pedro Páramo* como en *Crónica de una muerte anunciada* hay una mujer que refiere al hombre de su vida como aquel que fue su autor. De ese modo, un nombre condensa toda la historia del amor, del dolor, del engaño, del desengaño. Un nombre. Los libros más vendidos son de un autor; es raro que un libro de dos o más personas sea exitoso en ventas. Necesitamos y exigimos nuestro autor, ese rótulo donde condensamos todos los vectores de la historia en un solo nombre, con su biografía, siempre convertida en interesante, omnipresente. El autor puede ser el genio o el chivo expiatorio. O ambas cosas. Pero es el autor. ¿Es esa asociación entre el nombre y la obra solo nominal? ¿Podemos acusar a cualquiera que argumente sobre la autoría de ser simplemente alguien poco sofisticado por no ser capaz de ver la trama de la historia detrás de un nombre pintarrajeado en una portada?

Estábamos con Barthes, pero no se puede no hablar de Foucault, uno de los nombres del Olimpo francés. Y es que los franceses se levantan cada mañana, o eso imagino, pensando en su intelectual que articula el color de la mañana, luego de la tarde, finalmente de la noche; se levantan afirmándose en sus certezas, todas finas y discutibles a la vez: la certeza de la revolución exitosa (evidentemente discutible) y de la influencia francesa (tan indiscutible como impotente). Se levantan cada mañana denostando el poderío de los angloparlantes, unos por isleños y conservadores, los otros por banales en su liberalismo. Los franceses se levantan con sus decenas de países con lengua oficial francesa (casi treinta) y con sus varios Estados fallidos a cuestas; sus grandes errores en Asia y Medio Oriente. Se levantan críticos, pero por falta de toda opción de no serlos. Los franceses se levantan habiendo tenido a Lévi-Strauss, pero en realidad gustan más de Sartre, por puro mal gusto y esnobismo, habrá que decir. Peor aún. Teniendo a Camus, elegir a Sartre es una locura, una liviandad, una náusea. Y después a Foucault, como si el frenesíególatra solo pudiera crecer. Y luego vino la orfandad. Nadie llenó el vaso. No basta la inteligencia, la brillantez, se requiere esa cosa interesante del intelectual cuyos conceptos no acaban de definirse como un elemento químico puro. Por eso Piketty no llena el vaso de Francia, aunque sea brillante y culto, porque eso es banal. Bolaño decía que el escritor que no escribe sigue escribiendo, pero lo hace con la mente; es decir (sigo con Bolaño), delira. Pues bien, los franceses deliran. ¿Qué es Deleuze? Un delirante en términos generales. Logra hacerlo escribiendo incluso, es un portento de delirante. El ciudadano francés es un ensayista, su cultura, sus cafés observando al transeúnte, sus comidas en el límite de la perfección y la podredumbre a la vez, su orientación a la sensibilidad (ningún automóvil tendrá más sensores que uno hecho en Francia); todo ello los torna ensayistas. Pero estábamos en Foucault. Y piensa este autor (nótese la profunda y sutil ironía) que el nombre de autor no está situado en el estado civil de los hombres, ni en la ficción de la obra, sino que más bien está situado en la ruptura de cierto grupo de discursos y su modo de ser singular. Hay un cierto número de discursos (propios de cada historia de civilización, de cada cultura) que están provistos de la función «autor», mientras que otros están desprovistos de ella.

¿Es Piñera el autor de esta revolución?

La pregunta debe quedar en suspenso. Es como preguntarse el significado de Karol Dance en el estallido.

Quedar en suspenso (del latín *suspendere, colgar, dejar en lo alto*). ¿Está en un lugar lo que está suspendido? Usamos suspender para señalar algo que ha dejado de ser eficaz, de participar en el mundo. Se ha suspendido su membresía, se ha suspendido su matrícula, se ha suspendido la fiesta. Usamos suspender para señalar el acto de colgar. Algo colgado no participa de las vicisitudes del mundo. He ahí el famoso péndulo de Foucault, el otro Foucault. No puede haber nadie más distinto de Michel (Foucault) que León (Foucault), el ingeniero del péndulo, que logra que su aparato se mueva independientemente del planeta Tierra, a pesar de estar suspendido en un punto que sí está asociado al planeta Tierra. El péndulo se mueve independientemente y el planeta gira bajo él. El péndulo nunca cambia su dirección, pero la tierra que lo sostiene sí. Y es la tierra la gira bajo el péndulo.

Lo dejamos suspendido.

En *El club de la pelea* (1996), novela de Chuck Palahniuk, dos hombres fundan un club de peleas clandestino: uno es un profesional, el otro vende jabones. El club se transforma en una organización anticapitalista y de ataque a las grandes corporaciones, que pretende ejecutar actos de terrorismo económico. La pareja de amigos tienen diferencias. Uno es radical, el otro empieza a sentir que esto se ha ido de las manos. Cuando muere un luchador en una de las peleas del club, el moderado decide cerrar la organización. Pero se da cuenta de que su contraparte, su amigo, viaja por Estados Unidos potenciando los grupos. Decide seguirlo. Pero se da cuenta de que en un lugar lo llaman por el nombre de su amigo. Y luego, al volver, su novia lo llama por el nombre de su amigo. Comprende su disociación o, mejor dicho, no comprende nada, pero asume que está disociado. Pronto vivirá la experiencia de estar frente a su amigo, de luchar a golpes con él, para pronto comprender que siempre estuvo solo, que siempre fue él y nadie más que él. Uno y otro son la misma persona. La película homónima a la novela se estrenó en 1999 y fue un fracaso comercial, pero se transformó en un filme de culto. ¿Por qué hago esta referencia? Por la autoría del estallido social en Chile. Sebastián

Piñera encargó a los órganos de inteligencia encontrar al organizador del estallido: cubanos en Chile, venezolanos en Chile, rusos en Chile. El encargado de inteligencia de Carabineros de Chile estaba obsesionado por encontrar la "trama rusa". Era una conspiración; mejor dicho, tenía que ser una conspiración. Como Aznar en Atocha, necesitaba que la culpa fuera de un terrorista, no de él. Su esposa señaló que el estallido estaba centrado en los privilegios de la elite y su necesaria reducción. Lo dijo en un mensaje a amigas que se difundió a gran velocidad. Piñera no comprendió aquello. Asumió que era una conspiración, un plan, un provocador, un organizador que viajó ciudad por ciudad activando las fuerzas oscuras. Era, en suma, "un enemigo implacable y poderoso". Así lo nominó. Piñera fue el autor de esta frase que hizo época: "Enfrentamos un enemigo poderoso e implacable, que no respeta a nada ni a nadie". O "estamos en guerra frente a un enemigo poderoso e implacable…" ¿Qué dice esa frase? No dice nada, pero su rasgo central radica en su reiteración. El estallido social fue el 18 de octubre de 2019. El 15 de octubre, es decir antes, dijo la misma frase en un discurso ante la Interpol, el 16 de octubre ante la industria del turismo, el 17 de octubre en La Moneda junto a la primera dama, luego el 20 de octubre después del estallido, cuando declara la guerra. Ese enemigo es "cruel, despiadado (sigue Piñera), frente a él debemos usar todas nuestras armas". Lo dijo antes del estallido, para hablar de delincuencia, de drogas, de calentamiento global. Lo hizo después para hablar del estallido social; finalmente, de la pandemia. Sebastián Piñera se levantaba cada mañana luego de un sueño intranquilo y miraba a su alrededor. Y al observar, veía por doquier un enemigo poderoso e implacable, que no respeta a nada ni a nadie. Lo veía en la calle, en la televisión, en los informes de sus amigos y de sus enemigos, en los temores infantiles de la adultez, en las fricciones adultas del poder. Piñera se enfrentaba al mundo, era un héroe de sí mismo. Pero el enemigo poderoso e implacable seguía sin tener nombre, seguía siendo invisible. Ha perseguido los rastros, pero no ha encontrado a ese enemigo. No lo ve porque está cerca de él. No lo ve porque ese enemigo es él mismo. Sebastián Piñera ha destruido ciudades, ha devastado creencias, ha caducado la fe. Las montañas han dejado de moverse y un Mahoma confundido solo escucha versos satánicos. Piñera es Abaddón el exterminador, el ángel del abismo, de la muerte. Y otro Piñera, pero él mismo a la vez, lo enfrenta cada día. Chile padece la confusión del disociado a cargo. Nuevamente Piñera busca en Venezuela lo que proyecta de Chile. Un deseo de destrucción de sí mismo toma la forma de conflicto nacional.

El alma atormentada y oscura del Presidente busca detener el fuego que quema las ciudades y las almas, pero en cada paso enciende el fuego y añade más infierno. Se convierte, el Presidente, en la encarnación de la distopía, en una fuerza rebelde invisible, en un aparato terrorista de su psiquis capaz de proyectar su destrucción a la materia de las ciudades, con un poder que bien vale un elogio, ese viejo elogio a la locura.

Kant decía que lo sublime es lo que supera toda medida. Piñera es sublime.

Alguien me dirá, con algo de justicia, que cómo es posible que haga un esfuerzo intelectual con diversos y grandes autores para comprender a un Sebastián Piñera Echenique, inculto, banal y vacío. Lo lamento. Puedo entender la pretensión que subyace a ese argumento, pero no la comparto en absoluto. Sebastián Piñera merece todo el respeto de un tratamiento sofisticado. ¿O de verdad creeremos que es una casualidad que en sus dos gobiernos se expliciten las fuerzas de nuestras sombras históricas, de nuestro psiquismo enfermo? ¿Cómo va a ser posible que la dulce cubierta con la que *nuestra época más exitosa de la historia* solo haya logrado conocer su propia sombra siempre y solo con Sebastián Piñera? ¿Por qué ha sido precisamente él quien ha logrado canalizar y catalizar los flujos de nuestro presente imperfecto, de los pecados de la era de gloria? ¿Por qué ha sido él quien ha procurado los aires revolucionarios que ingresan por la ventana amenazando la testera de nuestros salones?

Sebastián Piñera tiene grandes méritos, inobjetables. Bien se merece a tantos y tan buenos autores. Bien se merece a Borges. Casi cada cuento de Borges tiene un rasgo en que Piñera corresponde de alguna manera: una vida que ha sido mil vidas ("La lotería en Babilonia"), la sorprendente capacidad mental de un estúpido ("Funes el memorioso"), la pretenciosa pluma de un diletante de mal gusto (Daneri en "El Aleph"), el minotauro debilitado, exánime ("La casa de

Asterión"), un creador empequeñecido que descubre que él también
es una mera apariencia ("Las ruinas circulares"), en fin; que Piñera
vaya a leer a Borges. Y que no vaya a leerlo por tratar de citarlo mal, de
escribir como Borges pero en versión ramplona; que vaya a visitarlo
para encontrarse con la literatura de fantasía y comprenda así cuánto
de ella se forjó sobre su piel, sobre su mente ya delirante, violenta y
conspirativa.

***

¿Qué es una revolución? Es una energía desplegada extrainstitu-
cionalmente, sin planificación y desde abajo; que consigue ser disruptiva de una época que inmediatamente luego de acontecida la
revolución se torna pasado y que exige, sin guía, el surgimiento de
una nueva era cuyo futuro es indeterminado. La revolución tiene
como única alma la sagrada conciencia del mal acontecido. La palabra revolución guarda en su seno la historia completa de la política.
En su primera acepción, la palabra "revolución" se usaba para referir
a cada giro que un cuerpo celeste realizaba en torno a otro, o al giro
completo de la pieza de una maquinaria cuyo funcionamiento se da
en el marco de repetir circularmente el movimiento de manera permanente. La primera acepción, entonces, para entender el concepto
de "revolución" nos habla de algo repetitivo, que termina donde empieza, que carece de toda transformación, que gira sobre sí mismo.
La segunda acepción implica la conversión de la misma palabra (y
sin perder su significado anterior) en su opuesto absoluto: el paso de
la regularidad circular a la excepción que gatilla un nuevo régimen
de movimiento. Un día la revolución cultivaba a Parménides, luego
decidió construir fama y fortuna con Heráclito. Nietzsche lo llama
"transvaloración".

Sebastián Piñera ha regalado a Chile su primer proceso revolucionario. No corretea las tierras áridas y las fértiles un Pancho Villa,
carecemos de un Robespierre capaz de cortar las cabezas de la elite,
ni siquiera hay un Marat que comunique con valentía el proceso. Y,
por supuesto, se ha suprimido todo carnaval festivo, porque estamos
en una época que nos la tomamos muy en serio. Y es así que no
necesitamos a nuestro Jacques-Louis David, el artista que diseñó la

estética de los festejos revolucionarios franceses (y que hizo famoso a Marat, convirtiendo su sospechosa y estrafalaria muerte en un hito heroico). Pero en medio de todas estas carencias ocurre algo insólito: un buen día (o un mal día) nace una revolución, probablemente sin más objetivo que su propia pragmática o que la ira disruptiva ante un orden tan incapaz de sostenerse en justicia como incapaz de sostenerse como orden.

Chile, como todo el mundo, ha vivido la pandemia. Pero la pandemia de Chile comenzó cinco meses antes que su enunciación viral. Comenzó en la absurda secuencia de un Presidente que afirma gobernar un oasis para luego pasar a ver dicho país como si fuera el panel derecho de *El jardín de las delicias*, del Bosco. En dicho panel, los hijos de Caín padecen el infierno. Un sumo sacerdote de forma de pajarraco deglute mujeres a imagen y semejanza de Eva y las defeca al mismo tiempo. En el mismo resumidero alguien oculto en sus propias nalgas excreta monedas de oro. Una animalejo horrible usa sus patas para toquetear impúdicamente, para abusar a una Eva desmayada o borracha o drogada. Y de fondo, el fuego. Y la violencia. Y los cuerpos cortados. Y el incendio en la ciudad. Nuestro octubre fue un infierno. Si insufló esperanzas a gran parte de Chile solo revela la magnitud de la rabia, de la ira contra el orden establecido. El orden de ese oasis estaba hecho de odio. Y Piñera, en un momento, logró representarlo, hacerlo carne. Piñera ha sido el profeta maldito, el neoliberal que derrotó al neoliberalismo. Piñera profetizó tiempos mejores. No solo estuvo equivocado, eso es siempre posible. Fue el productor de su propia y lamentable inmortalidad. Será recordado por siglos como el imbécil que destruyó el poder de la oligarquía de un país administrable con facilidad. Será recordado por siglos como el hombre que declaró una guerra a nadie, que se entregó a su propia sombra y la proyectó a todo un país. Será recordado como el hombre que trajo la peste, que la inoculó por doquier, que atacó el fantasma lánguido del comunismo hasta convertirlo en una potencia nacional. Piñera, Sebastián, el hombre que fue Michael Corleone, que ha derivado en un patético Fredo.

Piñera es la atrofia que anunció Baudelaire: "¿Debo decir que lo poco que quedará de política se convulsionará, de forma lamentable, en medio de la opresión de la animalidad general, y que los gobernantes se verán obligados, para sostenerse y para crear un orden ficticio, a recurrir a medidas que harían estremecer a la humanidad actual?". El asunto, de todos modos, es simple: todo lo que muere, muere de alguna manera. Y la derecha chilena ha muerto por su propio colapso, sin necesidad de ningún antagonismo orgánico. Hubo fuego. Hubo una masa enardecida. Hubo cambios de ánimo intempestivos. Y hubo una muerte concreta, que fue antecedida por la muerte metafísica de una derecha que se autodenominó sin relato, o, en rigor, sin proyecto político. Se limitaron a mirar por la ventana y señalarle a cualquiera: ¿mi proyecto? "Ahí está, en esa calle, en tu casa, en cada cosa que ves, allí gobierna mi proyecto". Eso era lo que parecían decir. Pero de tanto no ponerle palabras se fue olvidando qué era ese proyecto. Y he ahí que la derecha deviene en espectro.

Un fantasma recorre Chile. Se trata del fantasma de una derecha muerta. Enterrada por su heroico hijastro Sebastián Piñera, la derecha deviene en fantasma y solo sus espectrales acciones pueden lograr alguna reparación del daño recibido. Con pragmatismo, que es el alma de la época, la derecha prefirió ser gobierno sin tener política, entregando todo el poder a los gestores del modelo económico. El resultado salta a la vista.

El neoliberalismo en Chile era el aire que respirábamos, la seducción permanente, el dolor de las deudas, el sueño de un futuro mejor, la angustia del presente que no cuadra. Era, en suma, la realidad, sueño y pesadilla inevitable, como todo lo real. Piñera lo ha trasmutado. El neoliberalismo es la peste, es aquello que debe morir no importa cuántos trozos de nuestro cuerpo deban mutilarse, perderse. No importa si los jirones de nuestra piel son extraídos, si quedamos desollados. El neoliberalismo se hizo carne en Chile. Pero los chilenos, en un evento improbable, han estado dispuestos a perder su carne, su esperanza; a entregarse festivamente al riesgo, al temor, a ratos al caos; todo con tal de deshacerse de la maldición.

Piñera es el antiprofeta, quiso ser el Nicanor Parra del neoliberalismo. Si su hermano ("Pepe") había sido el gran arquitecto de nuestro modesto universo, el demiurgo; Sebastián quiso bajar del Olimpo. Quiso ser Nicanor enfrentando a Pablo.

Para nuestros mayores
El dinero era un objeto de lujo
Pero para nosotros
Es un bien de primera necesidad.

Así comienzan los versos satánicos de Piñera-Parra, su manifiesto.

No podemos vivir sin dinero
¿Almuerzo gratis? No hay tal cosa
A diferencia de nuestros mayores
Y esto lo digo con todo respeto
Nosotros sostenemos
Que el economista no es un alquimista
Que el economista es un hombre como todos
Un albañil que construye un muro
Un constructor de bonos y fondos de inversión
Nosotros conversamos
Y luego compramos
Ganamos batallas y también marchamos
No venga vuestra boca a decir qué compramos
Si el alma o el cuerpo, si el objeto o el sujeto.

Piñera camina por La Moneda, fantasea en ella con las historias de la guapa esposa de Toesca, el arquitecto del palacio. Narra una y otra vez a la gente que visita su hogar gobernante la misma historia. Es el guía de turismo, pero es también el inversionista. Una información secundaria aparece en su mente y sabe que debe comprar cierto paquete de acciones. No tardará en hacerlo. El economista no es un alquimista, pero sí es un espía.

Lo hacemos en el lenguaje nuestro de cada día
No creemos en las constituciones
Este es nuestro mensaje
Denunciamos al economista demiurgo
Al economista de biblioteca, intelectual descalzo
sin sentido práctico

Y esto lo digo con mucho respeto
Con cariño, con admiración a todo lo que han hecho
Hoy mi deber era contarle a la patria
Son ellos los culpables
Porque ustedes buscan un culpable
Y no soy yo
Es el enemigo poderoso
Implacable
Invisible.

¿Y entonces quién es el enemigo? Sebastián observa las naranjas en La Moneda, las naranjas afirmadas al árbol por un gancho. Porque cuando no hay naranjas, igual debe haber. Y no importa la vergüenza, sino el espectáculo. Y se acerca a la escalera que lo llevará a la puerta externa de su oficina. Sube con su pelo cada vez más blanco, ha envejecido. No tiene un retrato de Dorian Grey que se lleve sus faltas, sus errores, sus maldades. Solo tiene su rostro y sus tics. Sube la escalera más lento que lo que lo hacía antes. Y abre la puerta. Pero la puerta no abre. Empuja nuevamente, sabe que está siendo filmado. No abre. Insiste. No abre la puerta. Golpea la madera. La respuesta desde el interior se tarda. Su incomodidad crece. Esos detalles lo humillan, lo atormentan.

Son esos seres, ajenos al pan de cada día
Que construyeron castillos en el aire
Que creyeron traer la Luna a la Tierra
Que se imaginaron un Sol inflamado
Que graficaron la desigualdad como gran denuncia de época
Que denostaron el éxito, la mayor gloria de los hombres
Que han prohibido el panteón
Para nosotros, el pensamiento no nace en la boca
No nace en el corazón
El pensamiento es un nonato.

(Cómo soñaría Piñera poder decir su mensaje de esta manera.)

El pensamiento ha de ser el inicio de tu deuda
Y la acción, la consumación de tu pago
Oh, economía subjetiva, oh tablas viejas
Tablas devueltas por el Marx
Queremos un reino de paz y ha advenido la espada
Que así sea
Nos han declarado la guerra
Estamos en guerra señores
Estamos en guerra
He dicho las palabras del patriarca Pinochet
Y su fantasma ronda por el palacio
Celoso de mí
Molesto por mi traición
Yo voté "No"
Porque era el pan de ese día
El pan o el plan, ya ni me acuerdo
No me arrepiento
Nunca me arrepiento
Yo voté "No" y terminé con el Penal Cordillera
Y acabé con la Constitución de Guzmán
Soy casi de izquierda
Si no fomentara sus traumas oculares
Casi podría ser de izquierda
Si no creyera en el mercado
Podría ser de izquierda
Creo yo sin duda alguna
En la garganta del sinsonte
Podría ser de izquierda
Y decir ojalá y todas aquellas pequeñas cosas.

Piñera entra a su oficina y descansa. Han sido años duros, destituyentes. Arriba a él una ensoñación, una esperanza. Y sigue con su poesía
parriana.

Ningún enemigo es implacable, todo termina en una mesa
Un par de cafés y la conciencia de una buena negociación

Tarde o temprano las balas dejan el paso abierto
Los astutos esperan hasta entonces
Condenemos la economía de las vacas sagradas
Yo renuncié a rumiar en las aulas
Y estoy aquí, muriendo un poco
En un palacio que tiembla
Pero me fortalezco en mi muerte
Para resucitar mañana.

La derecha cree en la resurrección. Por supuesto. Y ello no depende de ser electos en nada. Depende de algo más sencillo: de Dios, de ser sus elegidos. O de la historia, de ser carne de su carne. Piñera porta esa tranquilidad, pero también porta el frenesí de los nuevos empresarios, cocodrilos veloces, leones que todo se lo quedan, cuyas fauces se llevan la mejor parte, para mayor gloria de Dios. Sebastián Piñera tiene de lo uno y lo otro. De oligarcas y empresarios. Pero no necesariamente tiene lo mejor.

La elite chilena había sido siempre una oligarquía burguesa. Desde la dictadura (la que resumimos en el nombre de Pinochet), el orden se había invertido: una burguesía oligárquica. ¿El símbolo de la síntesis? La industria del vino. El lugar donde el apellido, el campo de la VII Región y la tradición se unían a la modernidad, al modelo exportador, a la sofisticación de la inserción global. Es innegable. Fue un éxito rotundo. Un buen negocio, un producto con demostración de los éxitos del modelo, un gran producto por lo demás. Pero Piñera no quería esa síntesis, no por alguna razón. Es solo que no quería ninguna síntesis. Piñera quería ser el Abraham de una nueva estirpe, de una derecha completamente fuera de la historia. Invitó a la derecha a seguirlo. Lo hicieron dos veces. Seductor mecánico, luego de una primera vez horrorosa, con la derecha traicionada jurando jamás volver a escuchar los cantos de esta sirena deforme, Piñera logró de nuevo el apoyo total de la derecha. Si la primera vez fue un desastre, la segunda no tiene nombre. Un cataclismo, la construcción de una falla geológica, un cambio geológico, el hundimiento de épocas completas, el naufragio de un buque infranqueable. Piñera lo logró. Trajo el apocalipsis, pero en su sentido literal actual. Porque el apocalipsis, en su etimología, significa la revelación. Hoy significa la muerte. Significa la depuración. Es el sismo que aniquila las almas y las expone a su propia indecencia.

Piñera no solo vio morir en sus manos el proyecto de la nueva derecha. También mató el de la derecha anterior. Y sin presente y sin pasado la derecha busca el futuro. Camina, la derecha, en el valle de los muertos. Como el dios egipcio, el pueblo chileno pesa el alma del Presidente para definir si logrará llegar al cielo. Pero es un gesto teatral. Nadie tiene semejante ilusión. Su alma pesará lo suficiente, muchísimo más que el guarismo de su salvación. Los egipcios comparaban el alma con el peso de una pluma. Si pesaba más, te ibas al infierno. Es evidente que es una prueba dura. Había toda clase de maneras de engañar el pesaje, pero son ritos que el Presidente no es capaz de hacer.

Piñera no solo vio morir, no solo mató lo que creía necesario para una nueva era: fue su negligente cuidado, su estupidez la que procuró esta violenta muerte. La decadencia neoliberal era evidente; su ímpetu, su fuego, se había deteriorado. Pero la caída estrepitosa, el hundimiento absoluto, el descenso a los infiernos, bien podría haber tenido la forma de la lenta decadencia, con todas las oportunidades que da la historia al decadentismo. Piñera tenía, sin embargo, una pulsión criminal. Siempre quiso destruir la derecha histórica. No quería pacto con los anquilosados miembros del pasado. Quería destruirlos. Por supuesto, como Hitler, como Stalin, hizo pactos. Pero solo a la espera de la próxima traición. La UDI tuvo su aviso en el caso Spiniak. Convencidos estaban de que la mano de Piñera recorría esa vicisitud, esa crisis. Pero lo perdonaron. Y quien perdona una traición corre siempre un gran peligro (es palabra de Vito Corleone, lo puede encontrar revisando *50 leyes del poder en El Padrino*).

A Piñera le corresponde ser el sepulturero de la gloriosa historia de la derecha chilena: de los conservadores, de los hispanistas, de la tradición jurídica, de la oligarquía, de los apellidos vascos, de los grupos económicos, de las elites de la democracia de los acuerdos. Piñera se lleva por delante todo. Arrasa. Es un huracán. No es capaz de distinguir si lo disfruta o lo sufre. Se regocija de ser insuperable, inolvidable; de que un diluvio advenga luego de su propia ruina. Piñera cae y hace caer un universo. Y no fue solo infortunio. Es indudable. Su impericia, su grotesca minimización de los detalles, su alma desgarrada y sin repertorio, su pragmatismo de color tragedia; estas son las notas de una sinfonía oscura y patética, triste y sin melancolía, desvergonzada por simple ramplonería, que se simboliza en su gobierno. Pero no es solo aquello. También hay algo más, una pulsión, un deseo oculto. Es el deseo de ser Abaddón el exterminador, la entidad que habita en la oscuridad, la entidad que se mueve en el mundo bajo la forma de la ceguera.

La obscena muerte del neoliberalismo se resume en una escena: la policía chilena obsesionada por evitar, día por día, que los manifestantes controlen la estatua de Baquedano, en el centro de la ciudad. Todo se jugaba en esa lucha irrelevante. Los manifestantes ocuparon ese lugar como sitio emblemático. Nada nuevo. Las protestas comienzan allí (nunca terminan allí), los festejos futbolísticos comienzan y terminan allí. Dicha plaza es un lugar extraño. No es una plaza, de hecho, es una rotonda. Su nombre es Baquedano. Hay una plaza en un costado, casi invisible: se llama Plaza Italia, tiene un monumento regalado por italianos avecindados en Chile para el centenario de nuestra república. Habrá que recordar que para el 1910 sí se festejó el centenario. Del bicentenario no tenemos mucho que decir. Nadie regaló nada. Imprimieron unas banderas gigantes, horribles y caras. Unas banderas desproporcionadas hasta la saciedad. Lo cierto es que la Plaza Italia comenzó a competir el nombre con Baquedano, un general gris de campañas militares exitosas, pero de mala prensa e historia. Baquedano no es Prat. Pero, claro, Prat es un personaje complejo. Y en Chile los personajes complejos no merecen calles, sino olvido. El lugar se había llamado Colón. Pero se cambió el nombre a Baquedano. Era en un espacio crucial del diseño urbano del siglo XIX. Vicuña Mackenna había diseñado un cuadrante que marcaría en su interior la vida de las personas relevantes en la sociedad santiaguina y que, en su zona externa, marcaría los arrabales, las zonas periféricas. "Camino de cintura" fue llamado. Se alcanzó a configurar solo dos lados del cuadrado. Avenida Matta por el sur, lo que llamamos Vicuña Mackenna por el Oriente. La Plaza Baquedano y/o la Plaza Italia estaba ubicada en el punto donde la calle que marcaba el límite oriente chocaba con el río. De una manera más bien espontánea, sin diseño, fue justamente el Mapocho el que marcó el límite norte. Y es probable que pensemos que fue la Estación Central el límite poniente. No es importante para esta reflexión. Baquedano e Italia fueron los nombres intercambiables de esta plaza. Su larga historia de manifestaciones sociales en realidad no es larga. Antes de la dictadura, la zona de protestas era el Paseo Bulnes, frente al Palacio de Gobierno. Pero por esa época se definió proteger fuertemente la zona y se marcó el hito con la inauguración de la "llama de la libertad", proyecto arquitectónico irrelevante, escultórico inexistente, pero políticamente esencial. Chile se había salvado de la amenaza extranjera, del comunismo. Se había conquistado la libertad. El aparato comunicacional de la época construyó su elite en Chacarillas, pero hizo de la llama de la "libertad" la síntesis entre la derecha histórica y su lucha con los socialismos y la nueva derecha y su concepto de libertad económica. Lo sé bien. Mi padre estuvo allí, en lo de Chacarillas, en lo de la llama de la libertad, después en el cometa Halley, en la virgen de Villa Alemana. Yo había recién nacido cuando ocurrió lo de la llama. El resto lo vi más claro.

Desde entonces los manifestantes modificaron su punto de reunión a la Plaza Baquedano. Tiene sentido. Es un corazón en la distribución del flujo vehicular y genera entonces una alteración en la ciudad importante. En una protesta ello es un valor. Es un espacio amplio y permite hacer la demostración de fuerza. Sus vistas son espectaculares, hay campo abierto. Las escapadas no son problemáticas. Hay mucho hacia donde correr. Varias universidades están cerca: la Facultad de Derecho, la de Arquitectura y la de Economía de la Universidad de Chile, la casa central de la Universidad Católica. Hay diversos parques que permiten una escapada razonablemente exitosa: el parque Forestal, el Bustamante, el Balmaceda. En París, Napoleón había diseñado una gran explanada para las protestas en su contra. De ese modo solo una protesta muy grande tendría importancia. Pero alrededor situó callejuelas pequeñas, para que quienes escapan puedan ser encerrados fácilmente por las fuerzas policiales (si se desea, porque no es necesario normalmente). En la Plaza Baquedano/Italia se da la configuración del espacio grande y abierto, pero luego de él sigue habiendo un espacio extenso y sin recovecos. No es el diseño de Napoleón. Es bastante óptimo para los manifestantes.

En las protestas de 2019 (con un pequeño prólogo visible en manifestaciones anteriores) las estatuas de la historia antigua de Chile, o más bien la intervención o el ataque a dichas obras, cumplieron un rol. Los homenajes oficiales a los grandes prohombres encontraron resistencia. Los colonos de zonas distantes cayeron en desgracia, los héroes de tiempos pasados cayeron en desgracia, los militares gallardos que cumplieron por la patria cayeron en desgracia. Todas las estatuas de las inmediaciones de la Plaza Italia/Baquedano recibieron rayados, intervenciones que transvaloraron el significado de la obra original. Todas, menos una: Manuel Rodríguez, el héroe disidente, el solitario independentista que no configuró ejército, quedó incólume en el Parque Bustamante, a menos de cien metros de la estatua de Baquedano, a menos de diez metros de muros rayados hasta el cansancio, a cincuenta metros de un hotel incendiado, de un café literario apedreado. Los alrededores de aquel Rodríguez llamado Manuel fueron intervenidos, rayados, quemados, destruidos. Él no. Héroe de la insurgencia (el Frente Patriótico Manuel Rodríguez), héroe de conservadores (hasta una serie televisiva en el canal conservador tuvo); se graduó de rebelde e institucional. Es la magia de la historia. Lo cierto es que su estatua, su homenaje, no fue mancillado.

La historia del mes siguiente al estallido es la historia de la construcción de significado de ese momento prelingüístico marcado por el fuego. La marcha del 25 de octubre fue el momento en que surgió la política del estallido, y no solo el estallido de la política. Desde ese instante en adelante la semantización comienza a crecer. Y es así como emerge con claridad la palabra "dignidad", palabra en la que quedó depositado el dolor, la carencia, la esperanza. Y ante cada intento de llegar a situarse en el rito de Baquedano, ante cada fotografía del lugar tomado, el gobierno y la policía se convencieron de su absurdo: había que disputar ese espacio a los revolucionarios. Habían anunciado la guerra, pues allí estaba. Una guerra absurda como un juego de niños, pero con heridos reales, con ojos perdidos, con cuerpos en el Mapocho.

Los griegos creían que si un enemigo tomaba tu dios del centro del pueblo; es decir, si lograban llegar hasta allí y robaban el símbolo, la figura, el tótem de ese dios, sin importar si había existido o no enfrentamiento, el enemigo habría ganado la guerra (incluso sin haber sido declarada) y la rendición era exigible. La guerra se ganaba de una de dos maneras: o destruías toda la ciudad, matabas a granel varones y tomabas posesión de las mujeres violentamente; o te hacías propietario del dios. Parece más simple, pero los pueblos defendían su dios (y con ello su identidad, su existencia) con ahínco. No era infrecuente que un pueblo destruido se mantuviese con derechos a autonomía histórica, habiendo incluso perdido su tierra, si escapaba en un botecito con 5 personas y el dios a salvo. Ese pueblo no había sido derrotado, a pesar de la evidencia de una catástrofe total. En su versión actual solemos hablar de robar banderas. El mensaje era claro: "Quien no cuida su Dios no merece autonomía, no amerita existencia".

Pero, ¿era Baquedano el dios de algo?

No.

No lo era. Solo la defensa ritualista e impulsiva del gobierno transformó a la plaza en el sitio de la disputa e hizo de Baquedano un dios. Dejó de ser el lugar de convocatoria; pasó a ser el espacio de la guerra, la arena de lucha, o, mejor dicho, la cancha en la que se definía el ganador del partido. Diariamente se fue construyendo este nuevo rito. Y al final, por meses y meses, los días viernes se fueron transformando en el momento en que rito y guerra se daban la mano. Y la policía no supo ganar. Los manifestantes lograban llegar al centro; esto es, al tótem; esto es, a Baquedano. El gobierno enloqueció. Aprovechando la cuarentena, un ramplón Sebastián Piñera se dirigió a la plaza y se bajó del auto oficial de la Presidencia para tomarse una foto, intentando hacer notar que su poder estaba intacto porque no era cierto (si él podía fotografiarse) que ese sitio había sido tomado por la protesta en su contra. Quería tomar control de la plaza, pero lo hacía en medio de la pandemia, con la población obligada a estar en casa. Su muestra de poder era también de impotencia. Luego las manifestaciones volvieron y la plaza fue nuevamente apropiada por la disidencia, por el estallido. Baquedano cambiaba de color, era disfrazado, travestido, pintado de rojo sangre. Baquedano era un espectáculo, un rito de demostración de la debilidad del gobierno. Y entonces decidieron retirarlo. El último aniversario del gobierno de Piñera, el 11 de marzo de 2020, los encontró desmontando en la oscuridad y la soledad de la noche la estatua de Baquedano. Como unos ladrones, a una hora absurda, a escondidas del mundo, retiraban la estatua. En pleno aniversario del gobierno, luego de convertir a ese Baquedano de fierro en un dios, deciden retirarlo y asumir por tanto la derrota. Se suben a un barco cinco personas y el dios. Huyen de la realidad. La ciudad no les pertenece. Suena hermoso, pero es trágico. Por la ineptitud de Piñera el Estado se retira del territorio.

Inconsciente de las complejidades de la política, Sebastián Piñera creyó que usar las armas de la policía como cortafuego político era una fórmula adecuada o al menos útil. La acción política, cuyo rol es la mediación, dejaba precisamente la mediación del conflicto en los enfrentamientos callejeros. Un absurdo, pero más que eso, una locura colectiva. El error de Piñera es inconmensurable: las armas son unos seres extraños. Hay una lista de demonios para cargarlas. Bajo ciertas circunstancias, aumentar la potencia de un arma genera una mejora real en la capacidad de control de un escenario, pero la política es más complicada que eso. Robert McNamara, el famoso secretario de Estado de John Kennedy, luego de enredarse en un gigantesco lío en la crisis de los misiles, señalaría que las armas nucleares no sirven para nada en términos militares. Él mismo señaló en su visión retrospectiva que habían minimizado el factor humano en la guerra de Vietnam, que la importancia de la voluntad es crucial. Los vietnamitas morían a razón de diez a uno respecto a los norteamericanos, tenían el infierno en su propia casa, pero ocurrió que en ellos no cundió el desaliento. Los amigos y hermanos muertos solo construyeron una voluntad más férrea. Los norteamericanos diseñaron una guerra de desgaste, pensaron que mientras más napalm y más balas los vietnamitas caerían exhaustos y dolientes. Imaginaron que no podrían levantarse moralmente, que dar un paso sería un suplicio. A punto de niños muertos, el desenlace (pensaban los estadounidenses) era predecible: su propia victoria. Pero los días y los meses y los años mostraron una cara completamente distinta. La moral de los vietnamitas crecía y el desaliento se tomaba a las tropas norteamericanas. Los hijos de las ciudades de la América profunda salían de su casa un día y muchas veces no volvían. Las familias truncadas, los amores decepcionados, el dolor de una muerte lejana; todo ello fue minando el alma. Y la guerra no tenía sentido. Mohammed Ali fue quizás la respuesta más contundente desde el corazón de Estados Unidos. En conferencia de prensa explicó que los del Vietcong a él no le habían hecho nada, ni tampoco habían dañado a su gente; que no son los del Vietcong quienes cada día denigran a los afrodescendientes, que no son ellos los que no los dejan ingresar a tiendas y restaurantes, que los insultan en el transporte público. Mohammed Ali se presentó ante el llamado a la guerra, pero solo para dar la cara. Cuando fue llamado por sus nombres, primero por uno, luego por el otro, simplemente no contestó. Fue condenado a prisión. Su comentario fue: *Hemos estado en prisión por 400 años. No voy a viajar al otro lado del mundo para ayudar a asesinar y quemar a una nación pobre simplemente para continuar la dominación de los amos blancos sobre esclavos de piel oscura. El verdadero enemigo de mi gente está aquí.* Como los vietnamitas, Mohammed Ali sufrió, pero no vivió el desgaste moral. Como Aquiles en la Ilíada, enfrentándose a Agamenón, dijo que esa batalla no era de él, que era un problema de sus gobernantes, de sus intereses, que era asunto de otros. Por eso McNamara, un hombre inteligente más allá de su horrible fama, comprendió años después que la moral los había derrotado. Porque lo que ocurrió fue exactamente al revés. El desaliento tomó el nombre de Estados Unidos. Cuando la televisión mostró lo que pasaba en Vietnam nadie quería saber más de la guerra en Estados Unidos, nadie quería imaginar a un hijo en ese sitio, demasiado lejos, demasiado extraño, demasiado difícil e incomprensible en su relevancia para el pueblo norteamericano. La moral lo destruyó todo.

La moral. Ese oscuro paraje por el que el hombre habita, por donde caminamos buscando el Sol, una estrella, un punto de referencia. Es fácil entender que se ha de ser correcto para no sufrir horribles consecuencias. Es lo que enseñamos a nuestros hijos: si la sanción hará más daño que el beneficio de la acción prohibida, entonces no tiene sentido. Pero la verdad de la sociedad es más complicada. La construcción de una perspectiva ética individual y de una moral social no es mecánicamente funcional. Y a veces es sencillamente disfuncional. Los valores, los principios son objetos incomprensibles, inasibles, hechos de lodo y cielo, de vergüenza y orgullo, de triunfo y tragedia. Es todo un campo semántico que Sebastián Piñera Echenique desconoce. En aquel lugar donde reside la moral, Sebastián Piñera tiene un muñón.

El Presidente de Chile no vio nunca la disputa moral, no vio nunca que la guerra había construido sus dioses y que las balas y los empujones ya no eran parte de la batalla verdadera. Sebastián Piñera no lo entendió, es evidente; pero es que nunca podría entenderlo. Y es así que desesperadamente mandaba a los carabineros a reprimir, a disparar, no importaba cuántos globos oculares estallasen, lo importante era ir y plantarse al frente de una ola gigante que no tenía dueño. La policía chocó contra un dios, contra la divinidad del malestar de un pueblo; es decir, chocó contra el pueblo. Piñera mandaba cada vez más carabineros, por más horas, con más armas, a construir su propia muerte. Y también a construir la muerte de los carabineros. Porque esos funcionarios, días antes, caminaban por su barrio con su uniforme de servicio y eran respetados; más de alguna chica coquetearía con un carabinero porque, entre otros factores, era respetable, tenía una cierta solidez en su carrera y una familia perteneciente a la institución policial siempre sería relevante. Soñar no cuesta nada y un uniforme puede canalizar los sueños. Pero de un día para otro ser carabinero era una deshonra. Había que cambiarse de ropa para salir a la calle, se tendrían que acostumbrar a vivir en un mundo ilegítimo. La gente compraba en las calles poleras con la imagen del mítico perro "Matapacos", emblema de las movilizaciones de hace una década, emblema de la confrontación contra la policía. Carabineros chocaba contra sí mismo. La institución había pasado por grandes dificultades en su historia, por cierto. El retorno a la democracia encontró a Carabineros de Chile y las Fuerzas Armadas enfrentando juicios por torturas y asesinatos en la dictadura. Sortearon el problema. La moral de la sociedad no juzgó a la institución, no juzgó a cada uno de los miembros de ella que trabajaban e interactuaban día a día en todo Chile. Pero el estallido social de 2019 no tuvo el mismo destino. La política es compleja. A veces treinta pesos soportan una carga más ominosa que los horrores de las violaciones a los derechos humanos. Las ecuaciones morales son una raza extraña, una especie no clasificada, un misterio ubicado entre el pensamiento complejo y el desarrollo de diversas variedades de emociones que emergen de la sensibilidad y la búsqueda de sentido en medio de la experiencia humana. La sed de triunfo tiene, por lo visto, un efecto de bloqueo sobre el proceso. Por eso, aun cuando a todos nos gusta y acomoda el final estilo Hollywood (el final feliz), sabemos también que las formulaciones del drama y la tragedia, que los finales griegos o el desenvolvimiento de una obra que no tiene ningún personaje bueno (*Lolita*, de Nabokov) producen un efecto de disonancia que nos obliga a desplegar aprendizajes, a resolver aporías, a estructurar nuevas reacciones.

Pero Piñera no lo entiende.

Esta parte del libro se la saltó.

Seguramente sigue buscando en estas páginas el momento en que sea líder sexual de una secta de producción pornográfica. No, Presidente, no ocurrirá. Perded toda esperanza, diría Dante.

Quizás su mayor virtud sea la que explique su incapacidad de afrontar la realidad: "A mí, cuando me ha ido mejor es cuando me está yendo muy mal", dijo en una entrevista de Cristián Warnken. En esa confianza radica también una radical incomprensión. Es él, hoy mismo, quien está jugando un juego totalmente distinto al que le vio triunfar antes; ya no está en los negocios, está en la Presidencia. Ya no juega rugby, ahora juega ajedrez. Y sin embargo cree que las reglas del rugby y las del ajedrez son las mismas. Está convencido, porque es un perturbador, de la oportunidad que sugiere el mal momento, pero la política no es como los negocios. En una empresa una mala decisión puede hacer caer el valor de tu propiedad, pero también te puede permitir comprarles a otros su parte en menos dinero. Y ese es su mundo. No cree que haya algo definitivo, no cree que haya algo absoluto. Todo lo gestiona, cada movimiento de la máquina que dirige está gestionado. No toma decisiones por convicción, solo gestiona. Decidió gestionar el Covid-19, llevarlo de la manito. Se sentaba en su oficina con el ministro al frente. El ministro leía cifras por comuna y sus evoluciones. El Presidente declamaba la sentencia: fase 1, fase 2, fase 3 o fase 4. Comuna por comuna. Ese era el comité de expertos, ese era el sistema sanitario para tomar decisiones. Él vencería al Covid.

Y aparentemente está convencido de haberlo hecho bien. Y es que Chile ha tenido solo dos olas, no como otros países que han tenido tres, cuatro o cinco. ¿Es un éxito? Un total fracaso en realidad, solo ha tenido dos olas porque cada una ha durado siete meses. Es una locura.

Hoy Sebastián Piñera se refugia en su propia destrucción.

Volvamos a decirlo: Piñera no entiende las ecuaciones de la moral.

La moral es un reino al cual el Presidente no tiene acceso.

Las ecuaciones de la moral son inconmensurables, pues parecen poner al intelecto en una incómoda posición de revisión de las categorías. "No son treinta pesos, son treinta años" dijeron los escolares que protestaron las semanas antes del estallido social. Para ser honesto, el aumento del valor de la tarifa era marginal. Siempre molesta, por supuesto. Y hay quienes se ven verdaderamente afectados, es indudable. Pero el asunto era eminentemente moral. No son treinta pesos, son treinta años. Eso es lo que se llama una sentencia. Y solo la puede entender aquel que navega y se pierde en las aguas turbulentas y turbias de la moral.

Pero no radicaba allí la barca de Piñera. No volaba allí su avión. No estaba en su repertorio comprender la ecuación más importante de su vida: no son treinta pesos, son treinta años.

Y en medio de su confusión, declaró la guerra. Y nadie podía seguirlo, porque no había enemigo. Si no son treinta pesos, sino que son treinta años. ¿Cuál es la guerra? ¿Hay que sostener los treinta años? Uno puede sostener el control de una fortaleza, pero la disputa sobre el pasado es siempre una batalla intelectual, ideológica, doctrinaria. No solo no eran necesarios los carabineros, es que eran exactamente lo que amplificaría el problema. Piñera eligió la fuerza física. Ante un conflicto moral, decidió que la mediación entre las partes la hiciera la pistola. Un razonamiento curioso.

Un día de octubre un Presidente había entregado la moral a las bestias hambrientas. No entendía lo que ocurría porque sabía de política algo y de economía, mucho; pero de moral... de moral no sabía nada. El golpe militar de 1973 fue político. La dictadura fue una trama política cuidadosa y delicada, al tiempo que brutal e inmisericorde. La transición fue una obra de teatro política que traía de contrabando la legitimación formal del modelo económico. Pero en todo ese tiempo se requirió de una cierta suspensión moral. Piñera dio a ese gesto carta de ciudadanía, convirtió la suspensión moral en el alma de una época. Y eliminó todo rito, todo teatro que la restituyera aunque fuese de manera simbólica.

Piñera destruyó la moral. Y para colmo no lo sabía. Era ciego, aunque a él no le quitaron los ojos. Era ciego, y quizás por eso no le importaron los ojos de los otros.

Allí donde reside el desarrollo moral, Piñera se ha instalado una prótesis. No hay tampoco el dolor residual del trozo de cuerpo perdido. Nunca lo ha perdido. Esto no significa que sea un inmoral. No significa que sea un mal tipo (puede serlo, pero no lo sé). Lo que significa es simple: la moral es un territorio donde no le interesa perderse, donde no quiere existir, donde no desea verse sometido a sus reglas. Piñera evade la moral. Y evade los impuestos. Y evade su autoconciencia.

Comprender a Piñera es comprender la aporía del pragmatismo y la obscenidad de lo inmediato. Piñera no importa como personaje histórico porque la historia pasó sobre él, construyendo sus propias instituciones, por cierto leves y a ratos mustias, por cierto frágiles como el rocío de la mañana. Pero esas instituciones tienen la opción de aprender a caminar, mientras aquellas vetustas y gastadas, aún poseedoras del poder administrativo, deben navegar en una ciénaga de tormento hasta esperar el día de su ominosa y vergonzosa muerte, esperando siempre (es un derecho) el milagro que faculte a una mutación milagrosa, una triste continuidad que no sea una trágica muerte.

¿Qué pasa cuando un hombre asume que es necesario ver para creer, pero no sabe mirar? El horror. Ese es el horror. ¿Por qué el pragmatismo puede conducir a derroteros disfuncionales? ¿Por qué el pragmatismo puede terminar en la banalidad de lo pornográfico?

2.
Piñera porno

El *Diccionario de la Lengua Española* (RAE-Asale) nos señala que la palabra "pornografía" deriva del francés *pornographie*, que significa "tratado sobre la prostitución", "dibujo o publicación obscenos". Sus acepciones son tres: 1. Presentación abierta y cruda del sexo que busca producir excitación. 2. Espectáculo, texto o producto audiovisual que utiliza la pornografía. 3. Tratado acerca de la prostitución. El campo semántico de la palabra radica en la exposición abierta y cruda, el espectáculo y la venta. La comprensión de la palabra en tanto mercancía debe tener un agregado: la vinculación con la prostitución, por lo tanto, con un sexo inauténtico y derivado de una relación de mercado. La exposición cruda, de la pornografía, está en oferta, está a la venta. Todo este campo semántico nos sirve. Hay una palabra que no, sin embargo. También se habla de excitación. La verdad es que esa palabra es impropia para nuestro caso. Reflexionamos aquí en torno a un sujeto (nuestro objeto) que no parece estar orientado a la producción de excitación con su actuar pornográfico. Esa palabra, entonces, parece quedarle muy lejos. Más bien es un administrador de la excitación. Cuando la ha logrado, porque la ha logrado alguna vez, inmediatamente la ha considerado un crédito en su relación con el poder e inmediatamente la ha gastado. Apenas rescató a los mineros y sus datos explotaron en proporciones extraordinarias, decidió ocupar ese puntaje sobresaliente para vengar su ego, para usarlo como arma. Siempre es así. Si está cómodo decide ocupar esa comodidad para eliminar un rival que lo atormenta. Confunde el poder con una cuenta corriente. Y si tiene números azules, buscará quedar en cero satisfaciendo un deseo. En política gasta, no invierte. Como un consumidor primario, cree que usar sus recursos solo ha de procurarle placer. ¿Y por qué? Porque ve la política como una mercancía, como un objeto que lo satisface, que despierta su fetichismo. La complejísima y antigua definición griega de la política le resulta ajena. No puede creer que en un solo concepto puedan reunirse el dolor, el amor, la desdicha, las instituciones, los ritos, las creencias religiosas, el saber, el silencio, la expulsión de la ciudad, la conversión en un dios. Admira la magia de la política, pero quiere ser un usuario competente. No desea navegar en un mar oscuro con solo una luna creciente y una estrella de guía. No quiere conocer la ventisca verdadera, la que te somete a tus propios horrores, la que hace temer por tus recuerdos, por la calidad proyectada en otros de tu figura al morir. No. En él, como en varios miembros de la elite chilena, no existe la muerte. Existe su espectáculo. Provistos de una fe sostenida en la conveniencia, la pérdida es solo un accidente ante la ganancia. Y el fin de un ser humano carece de misterio. Es solo su fecha de caducidad. Las cosas son lo que vemos, dicen. ¿Un anciano debe trabajar para sobrevivir? Es la realidad, nos dirán. Y si es así, entonces está bien. Eso es el cinismo. Es el cinismo neoliberal. ¿Te gusta el sexo? Aquí tendrás solo sexo, nada más que ello. El porno es el cinismo del sexo. Si deseas el sexo por mil razones, entonces aproxímate a su espectáculo y olvídate de las mil razones. Solo recuerda una: que te gusta el sexo. Y he aquí, lo tienes, mejor que practicándolo, con ángulos que nunca viste. Pornografía.

Por su parte, la palabra "obsceno" tiene una complicada historia. Hay quienes la asocian a estar frente a la suciedad. Hay quienes la consideran asociada a lo que no está en la escena teatral (lo que no se puede mostrar). De aquí se deriva un uso sobre lo ominoso. Esta es la etimología más popular, aunque en rigor parece ser falsa. Pero aun siendo falsa, ha sido utilizada por milenios y su pragmática sigue ahí. La etimología verdadera sería la referencia a aquello que aparece desde el lado izquierdo y que, por ello, redunda en desgracias. Es un mal presagio. Alguien se preguntará por qué hay tanta frecuencia en la historia de las culturas a considerar el lado izquierdo como negativo. Es bien evidente en muchas culturas la asociación del lado derecho con la orientación correcta, con "poner derecho" algo. No es solo en la Biblia, donde sentarse a la derecha de Dios padre es señal de valía. Las raíces probablemente radican en la praxis.

La mayor parte de la población desarrolla una lateralidad donde el predominio es por el lado derecho del cuerpo, sobre todo el brazo y la mano. Esto implica, en tiempos violentos y de confrontación corporal, que el lado izquierdo es fuente de desgracias, porque es la zona donde las defensas son febles. Normalmente el desarrollo conceptual cuenta con orígenes de este orden, sobre todo cuando se dan en culturas diferentes y distantes, donde una explicación de un momento originario que se proyectó ritualmente se hace improbable. Lo cierto es que no soy lingüista, aunque me encanta la lingüística. Pero evidentemente no conozco las lenguas clásicas ni sus potenciales fuentes tal vez provenientes del indoeuropeo (si acaso existió). Y en este sentido no puedo decir qué concepto de "obsceno" es el correcto. Solo sé que Piñera nuevamente en este punto nos trae un milagro, bueno, lo que son sus milagros: eventos de bajísima probabilidad, pero un milagro al revés, es decir, una desgracia. Y es que Piñera ha logrado que la etimología de obscenidad necesariamente deba ser la verdadera y las dos falsas, unidas todas. Piñera nos ha puesto frente a la suciedad. Piñera ha destruido la escena, de hecho, ha devastado la escena política transicional y ha dejado en su lugar una autenticidad tan extrema, tan carente de puesta en escena, que es sencillamente invivible e intolerable, que no tiene mediación social ni estética. Finalmente, ha traído la desgracia, la caída, el horror. Es cierto que ha traído el despertar, la posibilidad de mirar el horror cierto y dejar atrás la escena falsa. Pero en ese camino de verdad no hubo un ejercicio de honestidad. Solo hubo caída de cimientos. Lo cierto es que la gran obscenidad neoliberal fue el dinero, su imagen por todos los sitios, su preeminencia, su reinado indiscutido, la moral tambaleante de la duda por el rendimiento. La obscenidad queda instalada como una representación de la no representación, como un teatro sobre cuyo escenario se deja un elemento ominoso, escatológico (pútrido y trascendente) que es inaceptable, que no puede ser mirado. Y he ahí el lucro. La escena teatral queda marcada por la evidencia (lo que disuelve la obra como representación y la deja como mera presentación), por un Presidente que, en un contrato de un proyecto propio, es capaz de acordar que la última cuota depende de las acciones de un gobierno que es el de él mismo.

¿Por dónde partir para entender el concepto que aquí elaboraremos de lo "porno"? La primera palabra que convocamos será "positividad". Ella nos guiará en todo momento.

La perversión de los conceptos no es inusual. Más bien es parte constitutiva de su historia. Habrá usted escuchado a alguna persona que sentenciase alguna clase de vínculo entre ser positivista y optimista. En un error fácil de seguir, sencillo en su más probable proceso genealógico: dado que la palabra positivo refiere en un nivel filosófico a lo que está presente, lo que está allí, pero al mismo tiempo coloquialmente se usa para evaluar como adecuado o beneficioso algo, hay quienes han convertido el positivismo (la corriente filosófico-epistémica) en una especie de estado anímico o doctrinario equivalente al optimismo. Todas las verdades se tocan, decía Andrés Bello. Pero lo cierto es que las estupideces se follan. Es así que procrean futuros con facilidad.

Lo cierto (lo positivo) es que el positivismo es una corriente filosófica y a ratos una doctrina dentro de la epistemología que asume, a veces con matices y revisiones, la importancia de una ruta de pensamiento científico basado en la inducción; esto es, partir de los hechos y llegar a las reglas generales. El positivismo se consolidó a fines del siglo XIX y tuvo su era gloriosa a inicios del siglo XX. Todavía hoy el sentido común de la ciencia es positivista, aun cuando la deriva posmoderna de nuestra época ha debilitado este sentido común en algunas de sus dimensiones. Es un absurdo. Los investigadores solemos exigir que nuestras investigaciones sean vistas como conclusiones en el sentido positivista, pero tratamos a los demás como si estuviésemos observando una opinión o una postura religiosa. No sé cómo ocurrió, pero ocurrió. Debe ser que el yo se ha tomado el nuevo siglo, luego de un exitoso apresto en el siglo pasado. Y no es el yo y sus circunstancias. Es el yo y sus conveniencias.

Lo cierto es que el positivismo nace de una convicción inductiva, de la construcción de regularidades a partir de la observación de hechos. Bertrand Russell planteó el problema de la inducción, conocido como la imposibilidad de garantizar que un enunciado general basado en los hechos pueda ser definitivo, cierto. Esto es simple. Si digo que todos los cisnes son blancos, porque siempre he visto cisnes blancos y porque todos los investigadores del mundo solo han visto cisnes blancos, porque no hay un solo reporte de un cisne negro, *entonces* asumimos (dadas todas las observaciones conocidas y coincidentes) que todos los cisnes son blancos. Y enunciamos la regularidad. Y con un poco de urgencia, enunciamos una ley. Pero en realidad no podemos hacer tal cosa. ¿Podemos garantizar que sabemos que no hay más casos que los que conocemos? No podemos. Asumimos que es improbable que sea diferente, ya que no hay ni un indicio en contra, pero en realidad nunca hay garantía. La escuela contraria, deductiva y racionalista, daba garantías. Todo enunciado se deducía de otro, por tanto era cierto como derivación del anterior, salvo error lógico y estupidez humana normalmente detectable con facilidad por el resto (por el resto de los filósofos sumamente inteligentes, o sea, muy poca gente). Pero el racionalismo no solía decir nada nuevo. De tanto deducir, simplemente repetía con estilo (o sin). La inducción era creativa, pero incierta; la deducción era cierta, pero conservadora. Esta es otra historia. Termina y comienza nuevamente en Kant. Y después, mucho después, tiene una nota al pie excepcionalmente interesante en Sokal.

¿A qué viene esta digresión? Piñera es un obsesivo de la inducción. Quiere saber todo lo que ha sido detectado, todo lo que está presente en forma de hecho. Tiene la obsesión del científico, aunque su talento heurístico es discreto, su responsabilidad argumentativa es deficiente y la prudencia no es precisamente su más fiel compañera. Piñera ve dos o tres cosas de un fenómeno y lo da por sentado. Es un positivista, un positivista grosero, una bestia primitiva del positivismo ramplón, un pervertido de la argumentación. Tiene sus razones para creer en esa forma de análisis: así hechas, sus decisiones lo han hecho multimillonario. Eso, en la sociedad actual, se parece mucho a ser un genio, a tener la razón a cada instante.

La reducción de un fenómeno a su mera positividad, la concentración en sus formas específicas de aparición, es una característica esencial de la pornografía. La filmación pornográfica concentra su atención solo en lo central, es tan asertiva que carece de contexto e incluso de texto. Todo movimiento conduce a un final predecible y a una expresión de ese momento carente de toda metáfora, sutileza o delicadeza. Los órganos son protagonistas, no hay espacio para dedicarles tiempo a otros matices, a otros hallazgos. Su razonamiento es positivista ramplón: dado que el sexo se define por la actividad de los órganos sexuales (lo otro es erotismo), entonces una radicalización de la expresión sexual es mostrar principalmente el momento y el lugar donde la definición de sexo se torna absoluta; por ejemplo, el pene en el momento de la penetración (vaginal, anal, bucal). En sociología se define el Estado a partir de su particularidad fundamental: el uso de la violencia legítima. Por tanto, cuando un presentador de noticias señala que el Estado francés ha definido legalizar "x cosa", entonces debería presentar el Estado en la figura de un policía francés. Como es obviamente una estupidez que no produce entendimiento, el Estado francés será significado por grandes símbolos franceses: palacios de gobierno, Parlamento, la torre Eiffel. Harán un razonamiento, los editores de la noticia, de corte "erótico"; esto es, construirán un espacio de realización sublimada y cultural de lo que se desea representar. Y no caerán en el porno. Pero el espectador del porno quiere ver la verdad del sexo. Pero la verdad desprovista de heurística es simplemente una imagen mecánica de un objeto o un trozo de un sujeto. El porno, por cierto, no es la verdad, aunque está en la zona de los hechos. Esos hechos son ciertos, pues en el porno no hay ficción, es real, aunque los protagonistas no se deseen, aunque la pasión sea ficticia, aunque el placer sea mecánico y exclusivamente exterior. La pornografía es profundamente inauténtica y al mismo tiempo concretamente cierta. La forma fílmica de elaboración de la imagen y de la narración pornográfica suele estar acompañada de gestualidad y actuación. Deliberadamente, los esfuerzos de dichos repertorios actorales están encaminados a una imagen grotesca de placer o sorpresa por lo supuestamente extraordinario del momento (la conjunción acrobática de los cuerpos, el tamaño del pene, el tamaño de las tetas, la voluptuosidad del culo, la cantidad de miembros simultáneos, el desenfreno representado). La escena es normalmente grosera en su carácter ficcional, no surrealista, ni realista, ni hiperrealista, ni infrarrealista. Es solo una deliberada parodia, una especie de burocracia capaz de construir un funcionariado del placer sexual como penetración o colección insólita de posiciones sexuales. La parodia cumple un rol central, pues despolitiza, que es lo mismo que decir que anula o minimiza el proceso de elaboración sobre la situación. Devenida en ingrávida y grosera al mismo tiempo, la sexualidad queda remitida a sus órganos, sin sublimación.

La pornografía es una estética de la ausencia de estética.

Lo porno es la desaparición de la seducción, es el sexo sin erotismo, es la simple presencia, la mera positividad. La corriente positivista tuvo su momento porno; es decir, el momento en que los filósofos de dicha corriente perdieron la capacidad de mirar más allá de lo positivo, de lo dado, de lo que aparece frente a nosotros. Los grandes representantes del positivismo fueron los miembros del Círculo de Viena, un grupo de extraordinarios intelectuales. Su principal influencia sería la de Ludwig Wittgenstein, el filósofo que escribió solo dos libros y revolucionó en ambas ocasiones la filosofía. En rigor, solo escribió uno, el otro estaba sin terminar a su muerte y sus manuscritos fueron transcritos. Luego aparecerían unos cuadernos con apuntes que también se publicaron como libros. Pero el *Tractatus logico-philosophicus*, como le dicen los amigos, e *Investigaciones filosóficas* resultan ser los pilares del edificio del autor austriaco. Lo cierto es que Wittgenstein nunca quiso relacionarse con el Círculo de Viena. Él había postulado la teoría del silencio, relacionada con el conocimiento místico, el que validaba y experimentaba personalmente. Y le parecía de mal gusto esta tendencia a asumir que solo lo positivo existe, propia del Círculo de Viena. Eso sí, para Wittgenstein, aquello que no se puede observar es imposible representarlo en el lenguaje de manera adecuada, y —siguiendo al autor— de lo que no se puede hablar, hay que callar. De ahí la teoría del silencio. Sebastián Piñera no conoce la teoría del silencio, no ve otra forma de conocer que mirar la última medición de la encuesta, si ve un ascenso de dos puntos, solo ve un ascenso de dos puntos o cuando mucho ve la proyección de un aumento consecutivo posterior. No es capaz de comprender que detrás de un aumento de dos puntos puede venir acechante una crisis, un problema estructural, una caída. No. Para él, lo que subió, subió y lo que bajó, bajó. Suena simple e impecable, pero en realidad es el momento en que un sujeto de conocimiento sale del conocimiento y se transforma en un órgano receptor de estímulos. No es un ser humano, es el sensor de un asiento de automóvil que indica que no te has puesto (o sí) el cinturón de seguridad. Mientras escribo este fragmento en Chile hay un calentamiento de la economía por un aumento del consumo derivado del dinero inyectado a la economía por los retiros de las AFP, las ayudas estatales, más la reactivación de la actividad laboral y un alto crecimiento (de mera recuperación en relación con lo perdido). Piñera observa el aumento del consumo y concluye: "La sociedad de mercado no puede estar muriendo si la gente recurre locamente al mercado para satisfacer toda clase de necesidades". Puro pensamiento lineal, pura reflexión fáctica. Así es Piñera. No puedo decir que así era el Círculo de Viena, ni menos que Piñera pudiera haber participado en él. La verdad es que el Círculo era bastante sofisticado y no hay que explicar que nuestro Presidente no goza de dichas virtudes.

Para comprender los límites de una mirada solo centrada en lo "positivo", en lo que está presente, bastará recordar la respuesta de la Escuela de Frankfurt al Círculo de Viena. Los académicos jóvenes de Frankfurt señalarán que la positividad no es todo lo que importa a la hora de analizar y comprender los fenómenos. En primer lugar, porque lo que está frente a nosotros, lo positivo, puede requerir una mediación para ser observado, un desarrollo conceptual. El objeto no se da al investigador en estado natural. Ni el investigador suele saber capturar el hecho suficientemente. Hay que desarrollar un proceso extrafáctico para que se pueda generar eso que llamamos un hecho. Eso no implica que no haya hechos, ni implica una condena a la subjetividad radical. Implica simplemente que hay un ejercicio de distanciamiento necesario ante lo observado. La traducción epistémica de este punto puede derivar en el concepto de *carga teórica de los hechos*, que es como decir que los seres humanos no solo observamos la realidad, sino que además la integramos en nuestros marcos conceptuales y en matrices de percepción que están desarrolladas previamente. Esta es una sobredeterminación de mi experiencia previa, de mi conocimiento, a todo lo que observo. Para que yo "recorte" de la realidad experimentada "un hecho", debe ocurrir una operación extraordinaria: una base conceptual y una forma de percibir deben coludirse para establecer qué cosa será ese hecho, qué clase de constructo será.

Pero volvamos a la Escuela de Frankfurt. La ciencia, dicen estos teóricos, debe construirse con un afán no solo de observar lo que se presenta, sino que también de comprender fenómenos a partir de la observación de hechos que se reúnen en el marco de una perspectiva teórica. La idea es evitar el dualismo cartesiano en el que razón y experiencia no solo habitan en espacios separados, sino que son las dos experiencias cognoscitivas centrales. Para los teóricos de Frankfurt no es así. La historicidad de la experiencia humana supone la historicidad misma del proceso de conocimiento. No existe una espontaneidad consciente de personas libres que, como resultado de ello, construyen sociedad. El conocimiento involucra al poder. Para ello es fundamental la reflexión por negatividad, en la que se construye una observación capaz de desintegrar las formulaciones ideológicas que están inscritas en la estructura misma de la realidad. Sin un pensamiento crítico, negativo, estamos condenados a reproducir el orden en forma de conocimiento, lo que no sería conocimiento.

¿Podría entender esto Sebastián Piñera?

Resulta imposible.

Quisiera que comprendan el juicio que acabo de emitir. La teoría aquí señalada es densa para cualquiera que la revise en este resumen y es más compleja si se lee a los autores de esta corriente. Pero el problema que tendría Sebastián Piñera para comprender este argumento no sería por la dificultad conceptual o filosófica que entraña, ese problema nos es común a todos. Su problema sería más pedestre: no es capaz de imaginar que la forma que él tiene de pensar se encuentre determinada por estructuraciones previas, por la historia de la filosofía y la ciencia, por tradiciones milenarias de reflexión. No es capaz de ver la historicidad de los conceptos. Asume, al contrario, que su forma de pensar es simplemente la forma correcta. Y no hay más. ¿Cuestionar una premisa? Imposible. No se gana dinero cuestionando las premisas, sino surfeándolas.

No es extraño que la forma histórica que adquiere la derecha libremercadista sea la de positividad total, en la que incluso se suspende la configuración ideológica de la derecha histórica de Chile (la derecha oligárquica), que era capaz de producir manifestaciones morales y efluvios metafísicos asociados a su proyecto material. La forma del neoliberalismo carece de toda expresión ideológica, aunque sea una ideología. Es un cuadro de Malevich, negro sobre negro, blanco sobre blanco. El cuadro existe (la ideología se produce), pero es la propia realidad de su actuar convertida en manifestación extraordinaria. Es banal en tanto tal. Y es pornográfica, simplemente hace *zoom* sobre sus propios genitales.

Allí donde nuestra modelación cognoscitiva ve actividad, lo que en realidad existe es pasividad. Mirar las encuestas, lo que marca cada cual, lo que aprueba la población, los temas más importantes para la gente, en fin, constituyen una forma de conocimiento que contribuye a fijar una realidad que resuelve (resolvería) la pregunta sobre los deseos y necesidades de la población, generando un efecto de desactivación. Se deducía que si la seguridad era el tema más importante en las encuestas, era porque la inseguridad campeaba. Los datos sobre delitos en Chile no decían lo mismo, pero el concepto de seguridad fue creciendo en forma y fondo, provisto de toda clase de formas de multiplicación de su relevancia social. Esto produce un escenario ya definido, donde los actores sociales entienden que la realidad está dibujada y que modificarla resulta ser un camino tan objetivado que, o se percibe muy dificultoso el camino de modificación, o se internaliza la idea de que ese mundo es "el" mundo.

Un conocimiento capaz de suspender las estructuras que solidifican cierta forma de pensar conveniente para ciertos actores de la sociedad es de difícil realización. Es una experiencia intelectual, un desafío personal, una odisea en lo social. Es exactamente lo que no se desea en la sociedad del consumo: la conclusión debe ser rápida, la acción proviene luego de la conclusión, la acción ha de ser funcional a la experiencia central, al mercado. El conocimiento ha de estar encaminado a producir un valor monetario, el diseño es publicidad, la ciencia es tecnología, el arte es prestigio por su compra.

Harvard es una buena universidad. Pero parece tener poco espacio para la negatividad. Friedman en Chicago decía que no hay almuerzo gratis. La aseveración resulta verdadera en más de algún sentido, pero ello no implica que sea una forma de conocimiento. ¿Ha explicado a qué se refiere con gratis? ¿Refiere a la monetarización? Es probable que sí y no a la vez. El argumento es elusivo, aunque parezca brutalmente concreto. ¿Qué hay de los actos de regalo, qué hay de la reciprocidad? Dirán que alguien compró, que alguien pagó. Llevado al extremo el argumento es tan cierto como banal, es como decir que cada movimiento que hacemos consume energía y participa de la entropía del mundo.

En el proceso de construcción de la sociedad la mirada tecnocrática, en sí misma, es pura pasividad. Su acción es administradora y construye valor para un segmento de la sociedad, no aporta en los procesos sociales de liberación, democratización, construcción de una igualdad sustantiva, emancipación respecto de los poderes arbitrarios y de las configuraciones sociales opresoras. La mirada tecnocrática puede tener sentido, sin embargo. En acciones de corto plazo, en racionalizaciones básicas, es útil. Pero no puede participar del sentido de la historia sin destruir ese mismo sentido. La tecnocracia no comprende aquello que está en ausencia, aquello que no tiene visibilidad, aquello que parece estar en condición pasiva.

¿Por qué esto es importante?

Por el malestar.

Porque el malestar solo puede ser comprendido en su negatividad. Y, por ello, quien no sepa pensar u "observar" aquello que no está presente, pero que tiene capacidad de determinar otros hechos, sencillamente estará ciego.

El malestar es un enemigo invisible. El malestar es siempre una hipótesis, no es detectable de manera directa, no podemos decir con certeza: "Allí está, puedes verlo". El malestar es como la materia oscura del universo. Los cosmólogos han construido el concepto de "materia oscura" para referir a un fenómeno invisible. Su existencia solo se puede imputar por la enorme magnitud de distorsiones en lo que es visible respecto a los cálculos realizados relacionados con la materia visible del universo. Para decirlo en simple, si nos atenemos a la materia que podemos "ver" con las herramientas existentes, la estructura del universo no queda justificada. Para que tenga sentido el universo tal y como está diagnosticado, es indispensable que haya enormes cantidades de materia que no podemos detectar y que, no obstante nuestra ceguera, están allí. Se ha llamado a ese fenómeno "materia oscura", para referir al hecho de su invisibilidad (lo invisible es oscuro porque carece de luz o, al menos, ella no se proyecta). Los datos al respecto son alucinantes. Algunos investigadores enunciaron que más de la mitad de la materia del universo sería invisible para nosotros y solo la conoceríamos por sus efectos. Esa sería la materia oscura. Otros imputaron el 80%. Los objetos celestes solo explicarían el 4% de la materia del cosmos, una cifra alucinante por su pequeñez. El grueso de lo no visible sería energía repulsiva (más del setenta por ciento) y el resto (más de un veinte por ciento) sería materia oscura con efecto gravitacional, atractiva, con un comportamiento equivalente al de la materia visible. La hipótesis surgió en los años treinta como una especulación indispensable para poder operar con las teorías vigentes. Los cosmólogos asumen que este asunto ya es cosa juzgada, que efectivamente existe la materia oscura y que se puede considerar que superó la etapa de la especulación. Mi opinión externa es diferente y, como corresponde a un académico de otra área, es una opinión irresponsable. Pero claro, he visto miles de veces a físicos, químicos, biólogos y toda clase de científicos que hacen observaciones sobre los hechos sociales y bosquejan críticas sobre la teoría social. No me parece mal, en absoluto. Solo me parece que debe ser recíproco.

Pero volvamos al punto. Creo que la costumbre de trabajar con la hipótesis de la existencia de una materia oscura ha hecho su trabajo, ya que hay consenso en que no se puede determinar la naturaleza de esta materia oscura y al respecto, simplemente, se asumen descripciones en las cuales hay un consenso intelectual, pero no evidencia suficiente.

La dinámica del universo se ha intentado comprender sin la hipótesis de la materia oscura. Han existido diversas propuestas, pero ninguna ha sido satisfactoria y, a pesar de numerosas inconsistencias derivadas de la modelación del universo con lo que se asume como concentraciones de materia oscura, la tendencia ha sido aceptar la existencia de este componente. En ciencias sociales hay una dificultad extra a la hora de tratar con hipótesis *ad hoc*[2]. Los estudios de caso son

---

2 Las hipótesis *ad hoc* son aquellas que se construyen para un caso específico cuando la hipótesis general sobre un fenómeno no funciona. Por ejemplo, se proyecta una determinada órbita teórica de un planeta asumiendo los efectos gravitacionales de los objetos celestes que se encuentran dentro de un ámbito de influencia. Luego de calcular, se somete "a prueba" dicho cálculo, observando la trayectoria de ese planeta. Supongamos que no funciona el cálculo, que hay

abundantes y suelen tener un sesgo político. Ello resulta inevitable. Y quienes investigan los casos no pueden asumir la mera posibilidad de que Barcelona y Chile estallasen casi al mismo tiempo, la ciudad por el independentismo y el país por el neoliberalismo, y que ambos asuntos pudiesen tener una semejanza estructural de fondo. Las ciencias sociales han caído en la trampa de la especificidad. Desean dar cuenta de una particularidad tras otra. Las generalidades les están resultando indiferentes o incluso ofensivas. A nadie parece importar demasiado que entre 2018 y 2019 hayan estallado alrededor de sesenta países en el mundo, prácticamente un tercio de los Estados existentes en todo el orbe. Si eso no es una regularidad, entonces ¿qué diablos es? Una de las aporías de la política es que se ha invertido el orden de la acción intelectual: si Sócrates decía que el filósofo sería la abeja que molesta al burro, en la política actual es el burro el que obliga a la abeja a producirle una miel muy particular que no ofenda sus sentimientos y que expanda sus intereses. La prensa y la intelectualidad se tornan serviciales y a ratos serviles. Imaginar que la observación de la experiencia humana desde una perspectiva intelectual pueda ser neutra es absolutamente absurdo. Pero hay un largo trayecto entre una compleja operación subjetiva para producir un conocimiento que se verá vestido de sesgos y la aceptación de que la acción intelectual simplemente ha de servir a intereses; pero ni siquiera en la construcción de un camino, de una perspectiva, sino en la operación política de ganar la batalla política de cada día. La experiencia intelectual, bajo ese sino, se empobrece hasta dejar de ser una reflexión. Sebastián Piñera lo sabe. Ha contratado muchas veces intelectuales, escritores

---

numerosas e importantes diferencias. Podemos botar la forma de calcular (la teoría) a la basura. Pero la mayor parte de los investigadores no hacemos eso. Lo que hacemos es asumir que es posible que haya objetos intervinientes que no estamos viendo, pero que existen y que modifican la órbita. Y entonces generamos "hipótesis *ad hoc*"; es decir, se bosqueja la presunta existencia de tres entidades (estoy inventando el número) que están incidiendo en la órbita del planeta. Nadie ha visto esos planetas, pero sirve para avanzar en el conocimiento y muchas veces ha servido realmente para encontrar esos objetos celestes. Gran parte de la tabla periódica de los elementos se construyó a partir de un modelo teórico y luego había que buscar los casos. Y muchas veces la teoría no funcionó, pero nadie botó la tabla periódica. Y habrá que decir que fue una buena idea.

y periodistas. Ha comprado medios de comunicación y ha fundado centros de investigación. Esa es su historia. No es su culpa. O, al menos, no es solo su culpa. Si al chef lo convencen con un poco de dinero para que deje de cocinar carne y haga unas hamburguesas que parezcan de buena calidad, siendo de material barato, el contratante no es el único culpable. El chef puede acusar el imperio de sus necesidades, el imperativo categórico de cubrir el presupuesto familiar. No es falso, pero tampoco suele ser del todo cierto. La investigación social supone un compromiso de esforzarse por comprender la realidad, por describirla, por explicarla. Hay un límite, por supuesto, en la intromisión de intereses o subjetividades en ese proceso.

Pero volvamos a la cuestión cosmológica de la materia oscura. Es una gran guía para comprender el malestar social. El hecho de que haya una explicación no basada sólidamente en la inducción puede significar para algunas personas que hay una debilidad estructural en la argumentación. No es mi opinión. Considero exactamente lo contrario. La virtud de la cosmología sobre otras disciplinas es que ha estado obligada, por la magnitud de su objeto de investigación, a desplegar la imaginación y la especulación, a llenar los vacíos con hipótesis y narrativas que completen la argumentación y la representación. Su virtud es justamente haber huido de la obligatoriedad de la inducción. Alguna vez inscribí un curso de física como electivo mientras estudiaba estética en la Universidad Católica de Chile. El profesor solicitó un ensayo y recomendó unas excelentes revistas de divulgación disponibles en la universidad. Me sumergí en ellas unos días y decidí mi tema: incidencia antropológica en las interpretaciones sobre la forma y estructura del universo. Me resultó relativamente sencillo argumentar que, habiendo pruebas en el siglo XX en favor de una hipótesis que consideramos absurda (que la Tierra sea el centro del universo), tomamos la decisión de declarar esa conjetura como intolerable y asumimos toda clase de hipótesis *ad hoc* para esquivar la posibilidad de darle un espacio a esa argumentación. No entraré en detalles aquí. El trabajo le gustó al profesor, pero lo consideró sumamente desagradable al mismo tiempo. Me planteó su contrariedad con humor. Pero lo cierto es que, aun cuando esto incomode a los físicos, la verdad es que no tiene nada de malo. Al contrario. Hoy la física es la que construye nuestra imagen del cosmos que habitamos, su función es social y cultural, incluso religiosa. Nadie puede pretender que la mera empiria haga algo tan importante como es otorgarnos las propias definiciones de nuestra existencia.

Lo cierto es que el problema del malestar para las ciencias sociales es el equivalente al problema de la materia oscura para las ciencias físicas. El malestar no se puede ver. Aumentan los suicidios y toda clase de problemas psíquicos en una sociedad; ¿es malestar? Puede ser. ¿Cómo saberlo? Es virtualmente imposible comprobarlo. La sociedad se torna disruptiva, con cambios de ánimo intempestivos y explosivos, estallando aquí y allá. ¿Es el malestar? Puede ser. Si no son treinta pesos, pero sí son treinta años, aunque de todos modos sean treinta pesos; estamos en el imperio de la disrupción. Es casi seguro que eso es malestar social, pero, ¿podemos probarlo? Solo vemos sus efectos, el impacto de su energía desplegada, de su materia chocando con otra materia, la fuerza de un oleaje sorprendente, de una deriva sísmica inagotable. Y es que el malestar no se ve. Solo sabemos de aquel por sus efectos acumulados. Y es así como suben al mismo tiempo los reclamos al Servicio Nacional del Consumidor, a las oficinas de informaciones y reclamos de las municipalidades, al tiempo que cae la aprobación de los Presidentes de la República, cae la legitimidad del Congreso Nacional y de los partidos políticos. Hay un universo que se derrumba. Pero Abaddón el exterminador no aparece por ningún lado, no vemos su imagen, no comprendemos el espacio en el que se ubica, no sabemos hacia dónde se dirige. Así es el malestar. Un enemigo poderoso… para las elites.

¿Cómo puede el neoliberalismo abordar el malestar?

No puede.

El razonamiento tecnocrático huye de la perspectiva holística, escapa de toda capacidad heurística. No busca explicaciones ni interpretaciones. Su objetivo es garantizar una operación. Es una película que cede toda su visión artística para cumplir los requerimientos de la masividad. Asume que hacer las dos cosas es imposible y cómodamente elige comer basura. La historia de la humanidad es el esfuerzo cultural de cuadrar el círculo, de afrontar las contradicciones y tensiones de manera de resolverlas en una versión superior. El neoliberalismo padece una racionalidad mediocre. Allí donde una sociedad explota colectivamente en una manifestación misteriosa de la conciencia colectiva, simplemente ve la influencia condenable de ciertos actores internacionales coludidos con grupúsculos nacionales que, inspirados en alguna ideología con orientación práctica en el terrorismo, habrían organizado una acción colectiva. ¿Las pruebas? Ninguna. Pero no es importante. Su razonamiento está centrado en que esa explicación es la única posible. No puede existir un fenómeno de acumulación de energía disruptiva, no puede haber una politización de ese malestar inicialmente anómico, no puede haberse activado la energía destructiva de una sociedad sobre el objeto sagrado del modelo económico. No pueden ver aquello porque la premisa es simple: el modelo es excelente. Y la gente ama comprar. Por tanto, concluyen, la gente ama el modelo, aunque a ratos se confunda. ¿Quién puede odiar lo que ha dado prosperidad? Eso se preguntan. Y vuelven a cero, que para el caso es retornar a la transición política posdictadura.

La ceguera neoliberal se hizo política con el ascenso de los economistas neoliberales a la actividad política como los profetas y sacerdotes de los tiempos extraordinarios del Chile del crecimiento económico. Sebastián Piñera no es solo un símbolo de ese proceso. Es su momento y lugar de anudación de la base intelectual de una época con el sistema político. Piñera es un fenómeno cultural, algo mucho más grande que él mismo. Desde antes de elegirlo nadie dudaba de que podría usar su poder para hacer negocios. Pude investigarlo con estudios cualitativos de 2008. Cuando presenté ese estudio a dirigentes políticos de la época se sorprendieron. Uno de ellos comentó: "Eso suena a Argentina". Se refería a un pragmatismo malsano de los votantes que podían considerar al candidato un estafador, pero que al mismo tiempo lo podían considerar necesario, a pesar de las dudas éticas o incluso era visto como eventualmente necesario por su conducta reprochable, pero pragmática y orientada al éxito. El país parecía decir: "Si hay que sacrificar algunos valores menores por tener dinero, bienvenido sea". Pronto sería al revés. Macri sería el Piñera de Argentina. Chile ha vivido muchas vidas en pocas décadas.

El corazón de nuestra época, al menos de la segunda década del siglo XXI, es el proceso de politización del malestar social.

Chile ha estallado con intensidad dos veces: el año 2011 y el año 2019. "Terremoto social", dijeron los empresarios sobre el primero. Sobre el segundo no dijeron nada. "Cataclismo" sería pertinente como término si seguimos con la metáfora anterior. Del primero nació la educación gratuita y una fuerte reforma tributaria. Del segundo solo conocemos aún lo que se ha muerto: la Constitución de 1980, la austeridad del Estado, la mercantilización de los derechos sociales, la elite transicional. O bueno, sí vemos algo que ya nació, pero que en sí mismo no es nada aún: la Convención Constituyente. Este proceso de desestructuración de los pilares operativos de la sociedad chilena de la transición política y del neoliberalismo es lo que llamé "el derrumbe del modelo" en 2011 en mi presentación de Enade, argumento que se tradujo en el libro de 2012 con reediciones en 2013 y 2021. Hablo de politización del malestar, porque es fundamental comprender que la mayor parte de las veces el malestar permanece como un volcán inactivo porque su forma principal de manifestación es la anomia, la desintegración social. Horada con ello las estructuras de la sociedad, pero no explota porque carece de motivo. Es un malestar vago. Así lo describieron en el Informe del PNUD de 1998. Ese informe se iba a llamar *El malestar de la modernización* pero el gobierno de la época (Eduardo Frei Ruiz-Tagle) pidió que se cambiara el nombre. Se llamó *Las paradojas de la modernización*. Es como escribir una crónica extensa (en un libro) sobre un excelente maestro de escuela, gran padre de familia y extraordinario activista medioambiental llamado Fernando Suárez (esto lo estoy inventando, por favor, para tranquilidad de aquellos que coinciden con ese nombre), que resultó ser un psicópata que había secuestrado y asesinado a 30 mujeres en 10 años. Pues bien. Entonces la crónica se llamaría "El psicópata gentilhombre". Pero finalmente se prefiere un nombre más elusivo: "Las paradojas de un gentilhombre". Fue eso lo que ocurrió. El malestar se guardó, no sin comodidad, en un buen ambiente donde pudiera cultivar su propio desarrollo. Y así fue. Creció, germinó, nació de él una estructura y otra. Y un buen día la posibilidad de realización histórica de su estallido dio a luz una nueva era, admirada y distópica, desafiante e imposible, vertiginosa y letárgica. Fue el *big bang*. Y de él debían nacer millones de galaxias. Pero solo nació una, la galaxia constituyente. Y en ella residen todas las exigencias, todas las soluciones.

El economista neoliberal, el Presidente neoliberal no es capaz de ver nada de esto. Mira su encuesta. *He caído, ¿cómo he de subir?* El gobierno actúa y luego de dos o tres respiraciones hechas de unos pocos días el dato se mueve, sube (imaginemos que sube). El Presidente (entonces, dado que subió) insiste con el exitoso recurso. Un pequeño estallido destroza el buen momento y hace caer otro poco más al héroe derrotado por nadie. Un buen día, en todo caso, preguntarán si acaso existirá esa cosa llamada malestar. Y mandarán a hacer una encuesta. ¿Es usted feliz? Esa será la pregunta. Asumen que si dicen "no" mayoritariamente, entonces hay malestar. La gente, sin embargo, contesta mayoritariamente que sí. Gritan enfervorizados en su propia incomprensión. "Ahí está, no es malestar, la gente es feliz, déjense de joder". Y vamos de nuevo a la encuesta, a los nietos en Fantasilandia, al matinal más visitado, vamos reiteradamente a anunciar alguna buena nueva.

¿Puede el malestar presentarse en forma de felicidad? Eso debe preguntar el juez al experto.

"Sí", responde el experto. O debiera responder aquello si acaso fuera experto.

Pero los expertos asociados al modelo y/o al Presidente prefieren decir "no". "Es imposible", complementan. "Y por tanto la gente que dice que es feliz mayoritariamente está diciendo que la sociedad carece de malestar", terminarán diciendo. Una reflexión lineal, sin considerar la escala de los hechos observados, sin conceptos orientativos; no es una reflexión. Es algo parecido a un vómito. Pero viniendo de los expertos de nuestra era, de los economistas, el argumento gana plausibilidad o al menos sitúa a mucha gente en la inquietud sobre lo observado. Evitando la mediación de conceptos, estos profesionales hacen su propia mediación. Y ya no son conceptos los que están al medio, son intereses. Y luego viene el momento de discutir la teoría en el espacio público. Alguno hasta escribe un libro al respecto. El economista neoliberal, que considera que la filosofía y las ciencias sociales son un derivado intelectual del socialismo, o al menos cree que son ciencias y razonamientos fallidos; otros se convencen formidablemente de que, dada la felicidad imperante, nadie puede sostener que haya malestar. Hubo quienes fueron más elegantes y dijeron que la tesis del malestar en Chile es una teoría. Ese argumento fue usado para decir que no era un diagnóstico; esto es, que no había evidencia y que por tanto operaba en el ambiente de un concepto vacío. Los que dijeron aquello, Guzmán y Oppliger, tenían razón. Su crítica nace como respuesta al libro *El derrumbe del modelo*. El problema es no comprender el estatus de una teoría. Asumieron ellos que una teoría era un artefacto inferior, científicamente hablando, a un dato. Y es exactamente al revés. Una mala teoría es peor que un dato. Pero una buena teoría es muy superior a uno o muchos datos. La teoría se alimenta de observación y conceptos, pero no es ni la observación ni los conceptos. Es una mediación con poder heurístico. El repertorio teórico con el que trabajé para construir la observación sobre el malestar nunca lo he explicitado, eso lo reconozco. Un par de personas lo han notado y me han escrito y les he enviado el material. No fue el caso de muchos otros autores. Fue muy poca gente (y casi ningún centro de estudios) la que me pidió una explicación sobre lo dicho. Nadie requirió los antecedentes y conceptos. Cada cierta cantidad de años, por goteo, algún investigador preguntó algo. Debo decir, en todo caso, que en universidades mexicanas sí me preguntaron y me pidieron algunas conferencias al respecto; en España igual. El acto de preguntar, entre académicos, ha de ser una de las actividades esenciales. No cabe de duda que las obras tienen una estructura que impide comprender el proceso intelectual de quien escribe en su totalidad. Si tienes la ocasión de hacerlo, ¿por qué no preguntar? Los colegas que me citaron a reuniones se dividían en dos: los que me citaban a partir de un ayudante para preguntarme cómo había llegado a una conclusión (sin reconocer, por tanto, que ellos o ellas eran quienes querían hacer la pregunta; pero debo decirles a esas personas que los ayudantes siempre chismosean), y los investigadores que me citaban para explicarme cómo y por qué mis objetivos de crecimiento en el ambiente sociológico estaban truncados de antemano y para decirme que desistiera de todo intento. Un ejemplo notable fue Vicente Espinoza, un sociólogo de cierta relevancia en Chile. Cuando llegué a trabajar a la Universidad de Santiago de Chile se rumoreaba que mi arribo se relacionaba con la apertura de la carrera de sociología y con otros proyectos grandes. Es cierto que se exploró la idea. Pero llegué a la Universidad de Santiago como académico, no para construir en específico ningún proyecto. Vicente Espinoza me llamó por teléfono (él trabaja en la misma universidad) y me invitó a tomar un café para darme la bienvenida. La caballerosidad del gesto me sorprendió. No alcancé a llorar de emoción, pero casi. Fui a la reunión. Cuál sería mi decepción cuando me advirtió: "Te quería dar la bienvenida y contarte que ninguno de tus proyectos con los que llegas acá se cumplirán". Le agradecí, me levanté y pagué la cuenta. Tengo la pésima costumbre de pagarle la cuenta a mis enemigos. Y también a mis amigos. Eso se acabó cuando fui candidato presidencial, desde entonces no pagué ninguna cuenta, pero porque no podía.

La globalización y el neoliberalismo, que no son lo mismo, pero por intersección pueden operar en conjunto, han sido grandes productores de condiciones que acumulan malestar social como energía potencial y que, en algún momento de politización, generan estallidos capaces de devastar las estructuras que las sociedades se han dado para su administración. El malestar primero licúa el sentido, luego termina con los cimientos. El primer momento se presenta como una melodía interpretada con sordina, el segundo resulta ser un estruendo.

Byung-Chul Han es un filósofo que escribe análisis sobre la sociedad contemporánea, sin ningún anclaje inductivo. No hace estudios de caso, no cita experiencias políticas. No escribirá el nombre de Donald Trump en ninguna página, ni las guerras mundiales, ni alguna elección en cierto sitio. No está analizando (Han) ninguna clase de proceso político de un sistema político; está tratando de entender una época. Está reflexionando a partir de autores clásicos de la filosofía, pero con una estructura sencilla. Normalmente cada capítulo no usa más de un autor, a veces (pocas) un número de dos o tres. Siempre el argumento se despliega con sutileza. No se confundan. Lo digo desde ya. No soy seguidor intelectual de Han, debo decir que tengo grandes distancias. Pero su trabajo es sólido y su reflexión, muy inteligente. Lo diré de un modo que sonará a ironía e insulto. No es cierto, sin embargo, que eso esté en mis palabras: Han es la traducción sociológica y filosófica de los libros de autoayuda que abundan en nuestra época.

Y eso es muy importante porque esos libros son la fuente principal de sentido de nuestro tiempo. Es necesario tomárselos en serio, por supuesto que en un nivel de análisis superior.

Pero vamos al fondo. Han considera que vivimos en una sociedad sometida a la aceleración y al instante. En una sociedad con estas características se genera una restricción a la mera positividad. Es decir, lo que se entiende que existe es necesariamente lo que siempre está presente y está visible. De este modo, el presente ataca al resto de los tiempos (al pasado y al futuro), y la información queda fuera del ámbito experiencial. Este argumento de Han es muy interesante. Todo desequilibrio en la tríada pasado-presente-futuro parece generar aporías de gran envergadura. En *La divina comedia*, Dante se encuentra con el padre de un amigo en el Infierno, es Cavalcante del Cavalcanti (en adelante Cavalcante), un noble que había abrazado en pleno siglo XIII las corrientes epicúreas de pensamiento, un racionalista y materialista, por tanto un hereje. Consideraba que los átomos constituían toda la realidad existente, en la tradición iniciada por Demócrito y consolidada por Epicuro. Cavalcante murió cuando Dante tenía quince años, y su hijo Guido fue un gran amigo de Dante, además de un gran poeta y político. Siendo uno de los líderes güelfos se casará con la hija del líder de los gibelinos, medidas no infrecuentes en la época para generar pactos de paz. Junto a Dante es creador del *Dolce stil novo*, categoría que refiere a una modificación de la literatura religiosa con un giro más subjetivo. Lo cierto es que, al llegar Dante a dialogar con el padre de la esposa de Guido, el líder gibelino Farinata degli Uberti, aparecerá Cavalcante, que ha reconocido a Dante y se desespera al saber que el amigo de su hijo ha logrado llegar allí, pero no su hijo. "Si vas por esta ciega prisión por gracia de alto ingenio, mi hijo ¿dónde está? ¿Y por qué no va contigo?". Dante responde: "No vengo aquí por cuenta mía; aquel, que allá espera, llévame por aquí; a quien tal vez tu Guido tuvo en desprecio". Dante ha apuntado a Virgilio. Pero Cavalcante desespera por el uso del verbo, pues Dante dijo "tuvo" y por ello supone que está muerto. Esto genera una pregunta crucial. "¿Ha muerto mi hijo?". Eso pregunta el padre. Pero implica algo más: los muertos no conocen el presente. Eso es lo que nos interesa, es lo relevante. O al menos que los muertos que están en el infierno no tienen derecho a conocer el presente. ¿Por qué? Porque si no recordar el pasado es lamentable y doloroso, si no conocer el futuro es normal pero angustiante, resulta ser que no conocer el presente es la mayor tragedia imaginable, la con mayores consecuencias, la que puede producir desesperación o, incluso peor, la ominosa acción del que no sabe lo que hace. Pues bien, Han decía que vivimos en una sociedad en la que el presente ataca al futuro y al pasado. Pero, ¿qué pasa si el gobernante desconoce el presente? ¿Qué pasa si el gobernante está muerto y *por ello precisamente* no conoce el presente? Esto es lo inquietante. He aquí otro derivado del carácter pornográfico de Piñera y de una tipología a la que hay que poner atención: la idea de gobernante pornógrafo es relevante porque necesariamente en esa acción se suprimirá el tiempo. Y no se suprimirá como la Iglesia medieval orienta al ser humano a la eternidad, ni lo hará como la posmodernidad nos orientará a lo efímero. El pornógrafo es enemigo de la idea de historia. No es su antítesis, es su disolución. Y nuevamente los conceptos deben ser precisados. No es su disolución como quien disuelve la leche en polvo en el agua. Es una disolución por mero desvanecimiento, es algo así como justo lo contrario de una piedra filosofal, algo que puede transmutar lo que existe en nada.

Cuando Sebastián Piñera entrega una información —he aquí el misterio satánico de sus mensajes al país—, dicha información se escapa del ámbito de la experiencia, porque sencillamente no es una entidad que vive en el proceso del tiempo, sino que es solo mero presente de un ser que desconoce el presente.

La única excusa que le quedaba a Piñera era conocer el presente, ya que es solo presente.

Pero no la tiene, porque desconoce lo que ocurre a su alrededor.

Así nace su fotografía en la plaza Baquedano; "en el óvalo", como decían los carabineros al pasar por allí.

Piñera se obsesiona con los óvalos. Quiere sentarse en ellos. Lo hizo en el salón oval de la Casa Blanca. Lo hizo a los pies de Baquedano. Dejo esta nimiedad al servicio de los profesionales de la psicología o psiquiatría. O a la gente que ha explorado el alma humana en todas sus formas.

Para el tecnócrata neoliberal la información es una función de rendimiento. Y en tanto tal la información es mero presente. Por ello cuesta mucho aplicarla más allá de la especificidad de un tiempo; su caducidad está garantizada porque es puro contexto, pero es nula en tanto época. En ese sentido, la política hoy día tiene ese rasgo. Piñera es hijo de esta premisa, pero también uno de los personajes políticos que canalizaron una fuerte crítica contra el Presidente posee el mismo rasgo: se trata de Pamela Jiles. La pornografía política es presentismo radical. Ambos personajes, por dos lados del fenómeno (uno como tecnócrata y la otra como *show-woman*), representan el carácter totalmente efímero, pero al mismo tiempo cáustico, o sea, capaz de destruir, capaz de horadar, que tiene la información sin ámbito experiencial. Y comprenden (ambos) que en ese camino de la acción política las formas de uso de la información definirán un resultado. Solo eso, es cierto, pero no es poco. Ambos buscan el resultado y asumen que su carácter cáustico es más un poder que una amenaza. Pero, claro, el problema es que la ecuación tiene una temporalidad: en el corto plazo lo corrosivo es un poder ante sus rivales, pero en el mediano y largo plazo la corrosión afecta a los propios cimientos.

La información, en el marco de una acción tecnocrática, existe solamente para desplegarse "para sí". La información ha de producir algo y luego desaparece del ámbito de la experiencia, no nos queda nada de ella. Eso es muy propio de la condición actual, la condición posmoderna, y eso es una característica de la condición pornográfica de nuestro tiempo.

Si el otro es mera mercancía, si las otras personas son solamente un fetiche que está en un mercado, si la estandarización es la regla, el otro pasa a ser simplemente un espejo de uno, y toda experiencia con el otro no es más que una nueva repetición de la experiencia que tenemos con nosotros mismos. Esto es lo que se denomina "la igualación del narcisismo". Una enorme dificultad se consolida: escapar del yo resulta ser equivalente a escalar una montaña.

El narcisismo es la condición de época. Es una gran mutación de nuestro tiempo. En esto Piñera no está solo. Todo el sistema político lo padece, es una condición del rendimiento político. Si no tienes narcisismo, deberás inyectártelo para sobrevivir. Pero, claro, hay exageraciones. Piñera es una. Pamela Jiles es otra. Gabriel Boric es otra. Daniel Jadue era otra (disfuncional). Pero Piñera es de un narcisismo muy particular, más radicalmente infantil y ridículo que el de cualquiera. Ha convertido a todos los demás miembros de la sociedad en un espejo, en su espejo, donde intenta verse a sí mismo.

Venimos de un siglo XX que, que desde el punto de vista de la visión mítica, es un siglo fáustico, es un siglo en el que vivimos el esfuerzo y la experiencia, el placer y la tragedia; de descubrir el gran poder que tenemos. Es el siglo en el que vivimos la esperanza de ese poder y el horror del mismo. Fuimos a quitarles el fuego a los dioses. Lo logramos. Y luego fuimos nuestros propios dioses destructores. Matamos a los dioses y finalmente fuimos nosotros mismos quienes nos castigamos. Eliminamos a los dioses no para evitar nuestro dolor, sino solo para modificar al sujeto que lo propicia. Hemos conocido el gran poder y vivimos el mal de ese poder. La ciencia, la técnica y la bomba atómica son los grandes símbolos de aquello. Fue un siglo "prometeico". Dejamos a los dioses inermes.

Sabemos cuál fue el castigo de Prometeo. Podíamos imaginar las formas diversas que ese castigo implicaría para una humanidad con tamaña osadía. Pero no fue esa la deriva histórica. La obra dramática tuvo un giro inesperado. ¿O alguien esperaba que luego de un Prometeo triunfante, en lo épico y en lo trágico, podría venir como siguiente etapa un delgado y frágil Narciso? El siglo XXI nos ha regalado el gran escándalo del yo.

El narcisismo, recordemos, es una condición que incluye un elemento patológico. El narcisismo supone una pérdida de conciencia de la realidad. No todas las alteraciones psiquiátricas tienen ese rasgo. El narcisismo nace de una autoestima débil que se fortifica en la desmesurada importancia propia y la carencia de empatía. La tolerancia a la crítica es casi nula, pero su energía psíquica puede ser elevada para sostener la cubierta que impide que la herida narcisista quede a la intemperie. El narcicismo orienta mucha energía a la construcción de su propia representación. Y en ese proceso de construcción de una representación hay una paradoja: por un lado la representación tiene un rendimiento corto, pero por lo mismo esa condición puede generar un triunfo generalizado del yo sobre la realidad.

El "rendimiento corto" es la descripción que me permite señalar algo simple: Narciso no va más allá de su reflejo, le basta su imagen en la laguna. Narciso no puede llegar muy lejos de ese modo. Solo existe él y su figura especular. Hamlet no necesita ya al fantasma de su padre, le basta el fantasma de sí mismo. Pero en ese ejercicio autorreferente y masturbatorio, Narciso es capaz de convertirse en el valor de cambio de toda la realidad. Él y su imagen pueden con todo. Sebastián Piñera cree que su mensaje es transparente porque identifica su propia interpretación con la imagen de la realidad que cualquier otra persona puede hacerse. Esto queda ilustrado de manera formidable en la visita de Estado que realizó al Reino Unido en octubre de 2010. Los emblemáticos mineros atrapados en la Mina San José habían sido recientemente rescatados y Piñera gozaba de su momento de mayor fama y prestigio. El rescate había tenido un componente épico y además televisivo. Había sido un éxito total. Corría su primer año de gobierno y quizás era su momento más solemne, Piñera viajó al Reino Unido y se entrevistó con la reina Isabel. Sonará a ironía, pero era un 18 de octubre. Y seguramente era uno de los días más importantes de su vida. No hay que engañarse, está lleno de autoridades de repúblicas que admiran directa o indirectamente a las monarquías antiguas. Todo poderoso ama tener garantizado su poder y la monarquía, sin poder dar certezas absolutas, es lo más cercano a ello. Lo cierto es que ese día Sebastián Piñera le entregó a la reina Isabel una piedra de la mina San José. ¿Qué piedra? Ninguna muy importante. Una piedra. Es cierto que en el desierto de Atacama hay piedras muy interesantes, muchas de carácter volcánico que guardan vida dentro de ellas, otras siderales, que llegaron con meteoritos. Es un lugar interesante. Pero es importante destacar que el Presidente tomó una piedra cualquiera y la convirtió en un regalo para la reina Isabel. Alguien pensará que quiso ofenderla, pero no. Eso sería pensar bien del Presidente. Ese comportamiento fue simplemente narcisismo. Asumió que la magnitud de la hazaña propiciada por su gobierno rescatando 33 mineros de las profundidades del desierto era tan grande, que nadie en el mundo, ni la reina del último gran imperio, podría resistirse a admirar y tocar una piedra cualquiera del lugar de los hechos. También volvió a mostrar el mensaje enviado por los mineros, frente a la prensa. Lo leyó nuevamente, mientras su esposa (más elegante) le pedía que no lo hiciera. No dudó el Presidente. Volvió a leerlo íntegramente. Y volvió a exponerlo, protegido por un sobre de plástico con el que se envuelve la comida para guardar en refrigerador. La escena de la reina es formidable. Diversas fotografías la muestran sola, en un rincón observando la piedra, buscando un brillo, una excepcionalidad, una particularidad; para entender la razón del regalo. Es indudablemente el regalo menos valioso que ha recibido. Por supuesto, no le importa demasiado. Pero sí Piñera logró generar en ella una extrañeza enorme, ¿cuál era la gracia de la piedra? No lo comprendió. La piedra era él. Nada más que él.

"No lo muestres Sebastián" dice Cecilia Morel. La frase podría servir para detener a un exhibicionista: "No lo muestres", le insiste avergonzada. Pero Sebastián se mantiene sólido en su ominosa convicción; orgulloso de su discurso en inglés, de su papel, de su conquista del desierto, de la película de Hollywood que vendrá; orgulloso de imaginar a su hermano José lleno de rabia por su éxito, por su triunfo, por su grandeza. Fue así que en una noche londinense simplemente extrajo su arma preferida, la mostró y exigió la publicidad global que sentía merecer. Lo hizo muchas veces. Repartió piedras por el mundo, mostró el papel por el mundo. Pero en esta ocasión era especial. Era en el antiguo reino británico, antiguo, malvado y puro. Allí fue con sus piedras, como los gitanos de *Cien años de soledad*, como un vendedor viajero; después de todo, lo que ha sido. ¿Qué había en ambas demostraciones? ¿Qué había en el papel, qué en la piedra? Su propio nombre, su pene, sus aciertos, su buena suerte, su osadía; todo lo que él valora de él.

Sebastián comenzaba y terminaba en sí mismo. Como la serpiente medieval, se mordía la cola. Con muchísima menos elegancia Pamela Jiles habría dicho "candado chino". Nosotros preferiremos citar a los uróboros y olvidar en un camino ignoto las referencias procaces. Este libro, a pesar del título, no está escrito como provocación. Si conjuga ese verbo es solo un accidente. Pero volvamos al Presidente.

No solo la reina Isabel goza de la piedra del orgullo chileno, sino que también James Cameron recibió otra. ¿Cómo las distribuyó Sebastián? Se sentó a mirarlas y las seleccionó según sus preferencias?

Es algo pensable. Pero, ¿cómo distinguir la belleza y el valor de puras piedras comunes? No es impensado que la reina hubiese llamado al Primer Ministro y, en medio de conversaciones de Estado, pudiera preguntarle si había entendido el regalo del Presidente chileno. No sería extraño que, inquieta e incrédula por lo extraño de la escena, la reina hubiese llamado a un académico de una facultad de geología que le pudiera decir si acaso había alguna particularidad misteriosa, inesperada, en semejante piedra. Una reina, usted lo sabe, siempre pensará que detrás del regalo de una piedra hay un misterio valiosísimo, un gesto noble y hermoso, una historia rutilante de sangre y esclavos. Pero no. O sí. Acá había una historia rutilante de trabajadores enterrados vivos, pero la piedra no valía nada. El geólogo de la corte seguro lo ratificó. Imaginamos su tono flemático, sus ropas cuidadas, la voz rotunda y profunda, pero casi silente, del geólogo de la corte. "He investigado la piedra su majestad". Y ella muy interesada le responde con prudencia y sin excitación: "¿Algo que resaltar?" El hombre mira de frente y afirma suavemente: "Se trata indudablemente de una piedra".

Sebastián había defraudado a una reina.

Nadie puede discutirlo: es un hombre que se supera.

Byung-Chul Han afirma que el eros pone en marcha un voluntario desreconocimiento de sí mismo. El amor y la sexualidad están sometidos a la positividad, al rendimiento y a la exposición permanente. Se requiere un ser pornográfico para este mundo; esto es, una energía inquebrantable orientada sin descanso a la exposición, una energía psíquica incombustible. Esta es la gran marca de fábrica del Presidente Piñera, un hombre que pilota helicópteros, aviones, juega fútbol, tenis, bucea, hace leyes, va a Fantasilandia, somete a la derecha a sus designios, en fin. Una cosa es cierta. Todo lo hace mal. Pero lo hace. Y eso es mucha diferencia en la era neoliberal. Es un ser activo, potente, capaz, pletórico de rendimiento formal, siempre batiendo récords, siempre demostrando que puede superar la siguiente frontera, incluso si ello no es necesario, incluso si es contraproducente.

La pornografía de Piñera puede llegar a los límites del *snuff*. Esta categoría de películas es especulativa. No hay pruebas de alguien que haya filmado obras porno asesinando o torturando realmente y las haya comercializado. Más bien ha sido una estrategia de impacto.

Con Piñera en el *snuff* me refiero a su infinita tolerancia que demuestra ante los límites del daño y la obscenidad. Al parecer, cuando la situación se torna pornográfica y/o violenta, es capaz de resistir con calma y seguir en el mundo como si nada hubiese ocurrido. En su gobierno se batieron todos los récords mundiales de daños oculares. 18 días después del estallido social había 180 heridos con trauma ocular en Chile. En el conflicto palestino-israelí el registro era de 154 en seis años. A un mes del estallido la cifra seguía su crecimiento sorprendente: 285 ojos. La historia de las protestas y enfrentamientos callejeros cuenta un acontecer constante de ojos perdidos. En el poema "El herido", Miguel Hernández (obra publicada en 1938) simboliza la batalla republicana en la guerra civil mediante unos versos que popularizara notablemente casi cuarenta años después Joan Manuel Serrat bajo el título "Para la libertad". En esos versos la descripción de los cuerpos dañados por las armas y los ojos perdidos es desoladora, pero también es la señal de esperanza.

> Para la libertad, sangro, lucho, pervivo
> Para la libertad, mis ojos y mis manos
> Como un árbol carnal, generoso y cautivo
> Doy a los cirujanos
> Para la libertad siento más corazones
> Que arenas en mi pecho: dan espumas mis venas
> Y entro en los hospitales, y entro en los algodones
> Como en las azucenas
> Porque donde unas cuencas vacías amanezcan
> Ella pondrá dos piedras de futura mirada
> Y hará que nuevos brazos
> y nuevas piernas crezcan
> En la carne talada

Las cuencas vacías que amanecen son justamente el espacio donde la libertad pondrá las piedras del futuro, de la mirada del futuro. Esto en Chile es sorprendente. Hay dos casos emblemáticos en las protestas, un hombre y una mujer, que perdieron ambos ojos, que quedaron ciegos: Fabiola Campillai (41 años) y Gustavo Gatica (23 años). La primera, mientras escribo este texto, ha reunido las firmas para ser candidata al Senado de la República. Su discurso político ha generado polémica en los últimos meses cuando ha manifestado que todo debe ser quemado y destruido. ¿Qué se podía esperar? Ella se levantó un día y caminó en medio de enfrentamientos a tomar un autobús para ir a trabajar a Carozzi. Recibió una bomba lacrimógena en la cara, que dañó todo su cráneo, ambos ojos, que ha significado decenas de horas de cirugía. Sus heridas oculares no pudieron ser sanadas. Tampoco las heridas en su alma. No he visto ninguna referencia a un apoyo de la empresa donde trabajaba. Gustavo Gatica, por su parte, sigue estudiando psicología. El día que un agente de Carabineros le disparó a pocos metros los balines que lo cegaron, Gatica estaba tomando fotografías en la protesta. La palabra "foto" deriva lejanamente del indoeuropeo "brillar" y del griego que significa "luz". Gustavo fue a conquistar la luz, pero encontró la oscuridad. Gustavo encontró la oscuridad, pero conquistó la luz. Y es que al leerlo en diversas entrevistas es muy prístino que el joven despliega claridad más que reproducir las sombras a la que ha sido condenado. Sólido y con una sabiduría sorprendente, Gustavo Gatica nos permite preguntarnos quién ha quedado ciego después del estallido: si él o Sebastián Piñera.

La figura del autor del poema antes citado, Miguel Hernández, no deja de ser pertinente. La persecución a su pluma se manifestó en acusaciones tan altisonantes y absurdas como el asesinato de José Antonio Primo de Rivera (que fue un fusilamiento). Pero la víctima finalmente sería él, huyendo y siendo detenido sistemáticamente, hasta que el frío de la cárcel condujo sus pulmones de 31 años a un final injusto. Al morir en Alicante, Vicente Aleixandre lo acompañaba. Pudo notar el poeta y amigo que Miguel, muerto, no podía cerrar los ojos. Así fue como en ese instante escribió un hermoso poema ("En la muerte de Miguel Hernández") que se inicia así:

No lo sé. Fue sin música.
Tus grandes ojos azules
abiertos se quedaron bajo el vacío ignorante,
cielo de losa oscura,
masa total que lenta desciende y te aboveda,

cuerpo tú solo, inmenso,
único hoy en la Tierra,
que contigo apretado por los soles escapa.

La muerte de Hernández fue quizás el duelo más doloroso de la república y de los poetas de entonces, gigantes como montañas. Fue terco Miguel, siempre volvió a su pueblo, se expuso a las detenciones. Neruda logró sacarlo de prisión en Madrid, pero fue detenido nuevamente. Neruda también escribió un poema sobre su muerte, un poema lleno de energía vengativa, de telúrica fuerza ante aquellos que osaron atacar a Miguel. El siguiente es el poema, en rigor, es una parte del poema.

Llegaste a mí directamente del Levante. Me traías,
pastor de cabras, tu inocencia arrugada,
la escolástica de viejas páginas, un olor
a Fray Luis, a azahares, al estiércol quemado
sobre los montes, y en tu máscara
la aspereza cereal de la avena segada
y una miel que medía la tierra con tus ojos.

También el ruiseñor en tu boca traías.
Un ruiseñor manchado de naranjas, un hilo
de incorruptible canto, de fuerza deshojada.
Ay, muchacho, en la luz sobrevino la pólvora
y tú, con ruiseñor y con fusil, andando
bajo la luna y bajo el sol de la batalla.

Ya sabes, hijo mío, cuánto no pude hacer, ya sabes
que para mí, de toda la poesía, tú eras el fuego
azul.
Hoy sobre la tierra pongo mi rostro y te escucho,
te escucho, sangre, música, panal agonizante.

No estoy solo desde que has muerto. Estoy con los que
te buscan.

Estoy con los que un día llegarán a vengarte.
Tú reconocerás mis pasos entre aquellos
que se despeñarán sobre el pecho de España
aplastando a Caín para que nos devuelva
los rostros enterrados.

Que sepan los que te mataron que pagarán con sangre.
Que sepan los que te dieron tormento que me verán
un día.
Que sepan los malditos que hoy incluyen tu nombre
en sus libros, los Dámasos, los Gerardos, los hijos
de perra, silenciosos cómplices del verdugo,
que no será borrado tu martirio, y tu muerte
caerá sobre toda su luna de cobardes.
Y a los que te negaron en su laurel podrido,
en tierra americana, el espacio que cubres
con tu fluvial corona de rayo desangrado,
déjame darles yo el desdeñoso olvido
porque a mí me quisieron mutilar con tu ausencia.

¿Por qué me he detenido aquí? Porque eso es. Me he detenido aquí. En la guerra civil española, en los muertos, en la carne talada. Lo hago por inquietud, por plantearme una pregunta, casi un silogismo.

Si el neoliberalismo y Piñera solo piensan en lo que está visible, presente, sin contexto.

Si las muertes, las torturas y los heridos fueron tan visibles, tan evidentes.

¿Cómo es que el Presidente que se entrega a la mera presencia no ha podido ver dicha violencia?

La respuesta es abrumadoramente sencilla. Es quizás problema de la respuesta, que es simple y contundente. El Presidente está ciego. Con distancia está más ciego que aquellos que perdieron sus ojos. Su oscuridad está hecha de frustración, de un yo dañado y prominente, de una inquietud que lo corroe, de una deformación que lo atormenta. El Presidente ha enceguecido. Habita en la frontera de las sombras, sin saber dónde está lo que está lejos y dónde lo que está cerca. Sus palabras se han ido ahuecando, han dejado de significar. Su presencia es solo impertinencia. Todo ello es cierto. Pero sus ojos, lo peor está en ellos, porque sus ojos han caído en batalla, aunque formalmente vea, aunque nadie le haya disparado. Sus ojos ya no saben distinguir lo cierto de lo falso, no distinguen el cielo azul de las nubes y sus obstáculos.

El frustrado ciego busca un acto que vengue su propia incomodidad. Nadie le ha hecho nada, pero todos a la vez le han marcado una herida que no cesa de sangrar. El hombre sufre, el hombre en forma espiritual de niño dañado que no perdona, que no supera; sufre. Y su respuesta es la herida del resto, la necesidad de socializar las pérdidas. Si ya carezco de toda verdad, que nadie la tenga. Y se esmera en aquello.

¿Cuál es la solución a sus tinieblas?

Hablar.

Se sienta en un sillón con las técnicas aprendidas en Harvard, ya añejas, con tres sinónimos, tres palabras que significan lo mismo, tres significantes distintos para tres significados; se sienta allí apoltronado y, entre cada tic, bosqueja un discurso. Y en ese gesto intenta elaborar esa herida, intenta superarla. Y siempre queda insatisfecho. Por cada omisión dolorosa, por cada logro de represión, un tic salta por la pantalla. Es así como habla, sin comunicar, sin conectarse con nadie. Le habla a la piedra de la mina San José, a sus enemigos, a la bolsa. Habla. Para mayor desgracia de Dios.

Dieciséis discursos en cadena nacional hizo Sebastián Piñera después del estallido social de octubre de 2019 y antes de la pandemia (marzo de 2020). Fue allí donde transformó en emblema de su discurso la tesis de un enemigo poderoso e implacable, el que se transformaría en un fracasado mantra de sus esfuerzos discursivos por respaldar la acción policial existente. Fue así como acontece el único momento cuando Piñera acepta trabajar ante lo que no es visible, y es para justificar lo que es visible y evidente: la violencia desquiciada con la que se estaba tratando a los manifestantes.

Los discursos de Sebastián Piñera, cada vez, encendieron la hoguera.

Esto se sabe.

Hablaba y advenían los incendios, la ciudad quemada.

La plata quemada, diría Piglia.

Es una convicción de los asesores de Sebastián Piñera que sus constantes alocuciones solo generan problemas. No es únicamente por los sofisticados problemas de dejar la vocería del gobierno sin relevancia ante la permanente aparición del mandatario, sino sencillamente por algo más pedestre: lo hace mal. En su primer gobierno, *El Mercurio* publicó que algunos análisis hechos por expertos en comunicación señalaban que las semanas en las que más intervenía Piñera, normalmente, bajaba su aprobación. La correlación puede existir y puede aun así ser espuria. Pero es una convicción asentada. Con horror, mucha gente de derecha vio que los primeros días y semanas después del estallido Sebastián Piñera hablaba casi día por día en cadena nacional. Fue así como Piñera configuraba una de las peores combinaciones en política: eliminación de la distancia con desconfianza. Porque, claro, un político que reduce la distancia con el pueblo, o con su público televisivo en último caso, puede generar empatía y afecto. Pero si es un sujeto que produce desconfianza, nadie quiere sentirlo cerca. La reducción de la distancia es además muy poco erótica, pues la fórmula del erotismo radica en la insinuación y no en la explicitación. Una imagen de cuerpos masculinos o femeninos completamente desnudos es menos erótica que la exposición semidesnuda del cuerpo. El obstáculo menor, delicado, es simplemente un aditamento del deseo, de la afectividad, de la necesidad de buscar. En ese sentido, el erotismo tiene una dimensión, una profundidad, que ninguna explicitación directa puede dar. La pornografía es el fin del erotismo. Y si esto lo queremos aplicar en política entonces, estamos hablando de que la pornografía, en la política —la porno-política—, es el fin de toda forma de posibilidad erótica, de toda posibilidad de distanciamiento, es la ausencia de la mirada de soslayo, es la imposibilidad de la pausa.

En la misma sesión de Enade donde tuve ocasión de dar mi conferencia —en la que anunciaba la crisis de legitimidad y de resultados del modelo económico chileno como base de las protestas de 2011— expuso Moisés Naím. No tengo una sintonía política con el intelectual venezolano, pero sí lo considero un aporte extraordinario a la reflexión. Las diferencias políticas al respecto nunca me han importado. También admiro a Arturo Fontaine (ex director del CEP) y a Óscar Godoy (ex director de la encuesta del CEP) y a Augusto Merino; lo mismo que a Manuel Antonio Garretón, Rodrigo Baño, Gabriel Salazar, en fin. Vuelvo a Naím. Él expuso temprano ese día. A mí me correspondía a las 12:30 del día aproximadamente. Me paseaba por el lugar mientras vi subir al estrado a Naím. Al situarse frente al micrófono dijo algo así (el video no está disponible): "Les he traído cuatro imágenes para que reflexionemos sobre el presente". Luego de unos segundos y mientras el expositor seguía hablando, la sala comenzó a llenarse de un murmullo. Dado que se entendía que el escritor había "traído" cuatro imágenes, todos buscaban en las pantallas esas imágenes, para entender. Pero nada aparecía. Los murmullos señalaban: "No están las fotos", "hay que avisarle", en fin. De pronto se produjo una certeza. Naím nos decía que había traído esas imágenes, pero en realidad todos las teníamos en nuestra mente. La plaza de Tiananmen y el hombre que confronta al tanque no necesita recordación. Su mera descripción iluminaba la aparición de esa imagen, ya no solo en el cerebro, sino posiblemente en el alma. ¿Qué es eso? Erotismo, distancia al servicio del acercamiento.

La gran belleza radica en esa distancia. De alguna manera, es siempre decepcionante ver una obra pictórica presencialmente. Luego de amarla en la distancia un buen día arribas al museo donde habita y, luego de unos movimientos erráticos, llegas e intempestivamente se aparece ante ti. Allí está, toda ella, impoluta. Pero no hay manera de ser feliz. La presencia total es una especie de muerte. Solo cuando comenzamos a apreciar todo lo que nos falta para comprenderla, solo cuando vemos cuántas limitaciones tiene esa totalidad, recién entonces volvemos a sentir esa obra tal y como la conocimos en un libro, en un documental, en un relato de tu abuelo.

Hay miles de pianistas en el mundo que son capaces de tocar nota por nota, con perfección absoluta, cientos de piezas musicales, ya sea de memoria o con partitura. Pero una interpretación de Evgeny Kissin no tiene comparación. O de nuestro Claudio Arrau. A la primera nota, al primer golpe al piano, algo nos sumerge en un océano desconocido y sentimos que desde la noche de los tiempos se desentraña una voz que pretende dar un mensaje fundamental. Y allí estamos, absortos, esperando comprender. Y nos turba la expectativa lo mismo que nos alegra. El mensaje llega y no llega. Nunca termina de consumarse, pero tampoco se extingue. Es un río, es un árbol, es algo que crece, es algo que nunca se ha movido. Esa es la fuerza del arte. Y detrás de una obra reside un poder: el rito que construye el sentido. Una obra es siempre parte de la experiencia más importante del ser humano: la ritualidad. Nuestras instituciones modernas son derivados debilitados del rito, son menos profundas, son más funcionales. Existen para ocupar el residuo del poder ritual que, de tanto convertir creencias en proyectos, se fue diluyendo, pero que quedó en algún lugar escondido de las instituciones. Y es así que el motor de una institución está hecho de magia, de misterio.

¿Qué pasa si un líder carece de rito?

Todo combustiona. La energía de la sociedad no encuentra paz. Lévi-Strauss explicaba que el rito canalizaba las energías de la sociedad. Pero, ¿qué pasa cuando la sociedad no tiene ritos, o cuando son pocos, como es en las sociedades contemporáneas? La verdad es simple: el rito sigue existiendo, no tanto en las ceremonias como sí en las instancias de reunión y en aquellas acciones donde un poder activo deja entrever que el mundo tiene algo más que la función a cumplir. Por eso nos sentimos orgullosos cuando vemos un sacrificio, una entrega total, desinteresada. O cuando vemos un gesto perfecto, fino, elegante, que demuestra que la forma desea acompañar el fondo, o matizarlo.

Un rito puede durar tres segundos en medio de un combate.

Te voy a pedir que vayas a buscar una imagen en tu mente. Es 1974, boxeo, Kinsasa, Ali versus Foreman, la que se ha llamado la mejor pelea de la historia. Recuerden a Mohammed Ali, había retornado de la sanción cuando había sido castigado por estar en contra y negarse a ir a la guerra de Vietnam. No solo eso, sino también por afirmar en una conferencia de prensa muy intensa, que destruiría parte de su carrera, pero que también lo convertiría en héroe:

Cuando me levanto en la mañana, el que me insulta, el que me quita el asiento en el autobús, el que no me deja entrar a un lugar, no es el

Vietcong, son los estadounidenses. Cuando trato de entrar a comer algo a mediatarde, el que no me deja comer en el restorán, o me deja en un lugar relegado, no es el Vietcong, son los estadounidenses. Son ellos los que han hecho de su casa de gobierno una casa blanca para negar todo lo negro que tenemos, no es el Vietcong; no son mis enemigos el Vietcong; yo no voy a ir a la guerra contra el Vietcong, si tuviera que hacer una guerra, tendría que hacerla contra los estadounidenses.

Era el 28 de abril de 1967 y era evidente que una sanción llegaría contra Mohammed Ali. El discurso del mito del boxeo nos recuerda a Aquiles contra Agamenón en la Ilíada:

> No he venido a pelear obligado por los belicosos troyanos, pues no me parecen culpables de nada —no se llevaron nunca mis vacas ni mis caballos, ni destruyeron jamás la cosecha en la fértil Ftía, criadora de hombres, porque muchas sombrías montañas y el ruidoso mar nos separan—, sino que te seguimos a ti, grandísimo insolente, para darte el gusto de vengaros de los troyanos a Menelao y a ti, cara de perro.

Mohammed Ali estuvo cumpliendo su sanción de tres años con cárcel. La sociedad estadounidense se dividió al respecto y, en la medida en que la guerra se hacía más impopular, el peso de Ali crecía. Probablemente fue aquello lo que determinó que un juez revisara la causa en 1970 y determinara que la sanción era arbitraria, liberándolo. La capacidad de Mohammed Ali fue mucho más que el cuadrilátero, pero era ante todo la sintonía entre lo que ocurría dentro de la arena de batalla y lo que ocurría afuera. No es extraño que su mayor obra haya sido una combinación de todos esos rasgos. Para 1974 se había organizado una pelea en Zaire, patrocinada por su Presidente, Mobutu Sese Seko. El combate debía ser simplemente un gran hito africano, en el que los dos más grandes de la historia del boxeo dirimían el título. Foreman venía de destruir a Joe Frazier y, se asumía, haría lo propio con Ali. La disputa se llamaría "The Rumble in the Jungle" ("La pelea de la selva") y estaba acompañada de un extraordinario evento musical asociado a grandes artistas afrodescendientes. James

Brown cantó el "Say It Loud — I'm Black and I'm Proud" ("Dilo alto, soy negro y estoy orgulloso"). Todo debía acontecer en septiembre de 1974, pero Foreman tuvo una lesión en un pie y la disputa se retrasó. El aumento en el tiempo solo dio más poder a Mohammed Ali: entrenando con habitantes de Zaire, corriendo por las calles con un discurso político, Ali no cesaba de crecer. El dictador, que había aceptado la pelea en su país para lavar su imagen, comenzó a preocuparse y decidió no transmitir la pelea en Zaire. Pero el país ardía. Había un negro que reivindicaba a los negros y otro que callaba. Estaba claro a quién apoyar.

La pelea es parte del mito. Mohammed Ali no disputó ningún round según su emblemático estilo de fuerte movimiento de piernas y alta velocidad. Hay que recordar que ambos eran gigantes (sobre un metro noventa los dos y con alrededor de noventa kilos), pero Ali se movía como alguien más pequeño, más ágil. Sin embargo, decidió simplemente quedarse a esperar los golpes de Foreman y destruir su psique al ver que no lo afectaban. Era una locura. Foreman tenía la mano más pesada jamás vista y, de hecho, cuando retornó al boxeo dos décadas después todavía su mano era capaz de ganar peleas sin un cuerpo preparado para la alta competencia. Pero Ali lo toleró. La configuración que cerró el mito se produjo en el octavo asalto. Durante toda la pelea, Mohammed Ali se había limitado a recibir y generar algún contragolpe esporádico. Fue tanto lo que pegó Foreman que estaba agotado ya en el quinto asalto. El clima era además muy hostil para él. Ante cada golpe de Ali el público estallaba en apoyo y durante toda la pelea gritaban "Ali, mátalo". Había un boxeador frente a un líder global, una bestia fuerte y poderosa ante un mito. Quedaban catorce segundos para que terminara el octavo asalto. No parecía que pudiera ocurrir nada. Era una pelea enredada, áspera y sucia. De pronto Ali sale de las cuerdas, donde se había quedado a vivir en toda la pelea. Conecta tres golpes plenos, pero no potentes en primer lugar. Con ellos sale de la posición defensiva. Gira y deja a Foreman hacia las cuerdas. En ese instante golpea dos veces en milésimas de segundo, primero un golpe de izquierda furibundo, luego un golpe de derecha. Y surge en este instante la magia. Foreman se tambalea. Hay dos segundos entre esos golpes y la caída del campeón vigente. Surge en esos dos segundos el artista, el profeta y el sacerdote al mismo tiempo. Mohammed Ali tiene frente a él, agachado, agónico, a Foreman. Puede y debe rematarlo. El campeón se tambalea, se lo ve perdido, está esperando el último golpe. Faltan trece segundos, luego doce, finalmente once. En ese tiempo Foreman ha descrito un trayecto semicircular en el cuadrilátero, buscando sostenerse. En todo instante la mano derecha de Ali está preparada para rematar. ¿Qué hubiera hecho yo, qué hubieras hecho tú? Terminar de golpearlo, cerrar el momento, empujarlo al abismo. Es humano. Estás frente a un monstruo y has logrado tenerlo en tus manos, pero le temes, por supuesto, lo has visto destruir a Frazier. Y Frazier era un portento. Pero Mohammed Ali decidió algo muy diferente: no ensuciará la escena con un golpe más. Simplemente siguió la secuencia reteniendo su golpe final y, cuando vio al gigante acercarse al suelo, solo giró sobre su eje y no lo miró más. Quedaban once segundos, justo el tiempo para el conteo. La magia había llegado en forma de inacción. Luego de hablar, luego de golpear, luego de defenderse, en el momento clave, Mohammed Ali decide mirar desde arriba; no golpear, esperar, disfrutar la belleza de la caída de su rival. No define el combate, sino que espera su destino.

¿Qué hubiese hecho Sebastián Piñera?

Lo habría golpeado tres veces en esos dos segundos. Y quién sabe si ya habría hablado con el árbitro.

Ali comprende que su mensaje está hecho de orgullo, que no es el llanto afrodescendiente la clave, sino su altanería. Ha modificado la estructura de poder, para siempre. No están frente a un boxeador; es un artista y es un reformador social.

Siempre le preguntaba a mi madre: ¿Por qué todo lo bueno es blanco? ¿Por qué Jesús es blanco? ¿Por qué en la última cena son todos blancos? ¿Por qué los ángeles, el papa y la virgen son blancos? Mamá, le preguntaba: ¿Cuando morimos vamos al cielo? Por supuesto, me decía. ¿Y por qué no hay negros en el cielo? ¿O es que los negros estamos tomando las fotos de los ángeles blancos? O quizás mientras los blancos están en el cielo, los negros estamos en la cocina preparando leche con miel. Y yo me preguntaba por qué tendría que morir para ir al cielo y por qué no podía tener ahora una casa bonita, por qué no podía tener ahora un filete de deliciosa carne. ¿Por qué Tarzán, el rey de la jungla, era blanco? Y el blanco está ahí y puede hablar con los animales, pero los negros que están en África y llevan miles de años no pueden hablar con los animales. Esas preguntas me hacía. ¿Por qué Miss Estados Unidos siempre es blanca? ¿Por qué las mujeres lindas deben ser blancas? ¿Y por qué la tarta del cielo es blanca y la de chocolate es la tarta del diablo? Siempre me lo pregunté, por qué todo es blanco. Y, claro, el Presidente vivía en la Casa Blanca.

Mohammed Ali no usó tres sinónimos para comunicar, como Piñera. No aprendió ninguna lección de comunicación en Harvard. Solo unió el rito, el mito y la disputa política. Tuvo la valentía de estar a contracorriente y de luchar por la justicia. Y siempre entendió que la acción con sentido está hecha no solo de lo que se gana, no solo de la fuerza, sino que también del arte del reposo y el retiro. Comprendió que la prisión era parte de su mensaje. Mientras Ali se convierte en África y en la negritud, Foreman se acobarda por habitar un mundo que lo supera en significados y se termina por convertir en el sirviente de los blancos.

Mohammed Ali hizo del rito erotismo y de su poder hizo emancipación. Piñera arriba a su primer gobierno entregando un *pendrive* con archivos, examinando a sus ministros como un profesor y prometiendo trabajo de 24 horas y 7 días a la semana. El frenesí del servicio de venta y posventa, la lógica de la operación en el mercado y su seducción. Pero termina convirtiéndose en un líder desechable y putrefacto. Su discurso del rendimiento no tiene patio trasero, no tiene misterio; carece de todo lo que no sea un resultado. Y eso no es gobernar, eso no es poder. Sebastián Piñera transita al porno no desde el espectáculo (esa es Pamela Jiles), no desde el deseo sexual (ese es Karol Dance). Lo hace desde una lamentable incapacidad: la ceguera simbólica, la ceguera metafísica, la ceguera espiritual.

¿Qué es lo primero que debe hacer un ministro de Sebastián Piñera? Insertar en su computador el *pendrive* que el Presidente le ha dado. ¿Y qué debe hacer luego? Estudiar lo que allí hay. ¿Y lo tercero? Ser sometido a una prueba. El ministro no puede plantearse un desafío, no puede generar una añoranza. El ministro debe entender un país que el Presidente ha definido como "el país". No hay ventanas, no hay caminos por la calle, no hay reflexión, no hay agobio. La única certeza es la certeza del Presidente. Y el único rendimiento es responder adecuadamente en las reuniones con el Presidente. Y ayudar al jefe en las encuestas.

En el porno no hay realmente sexualidad, es simplemente la conversión de la sexualidad en mercancía, es el fetichismo de esa mercancía. Bajo esas condiciones la política se torna turismo. Hay que recorrer el distrito, el país, sin demora, de modo eficiente. Hay que exhibirse. ¿Qué es el supermercado? El lugar donde voy, como candidato, a demostrar que soy como todos. Lo hago el día antes de la elección. No se olviden de mí, por favor, masas informes. No hay misterio, no debe haber. Queremos el norte y el sur claros, la transparencia, la complejidad. ¿Y si desvías el camino? Está prohibido. Está todo planificado como debe ser. Con los números silentes de un constructo llamado Chile. Piense usted. Es turista, va a esos lugares atiborrados de chinos, japoneses, toda clase de turistas fotografiándose, hablando excitados, recorriendo presurosos cuatro países en seis noches de hotel. De pronto nos cansamos de seguir el *tour*. De pronto nos desviamos. Nos perdemos. Y arribamos al lado "equivocado". De pronto, caminando entre pequeñas callejuelas, has salido justo frente al Coliseo Romano. Giras y ahí está, te atrapa, te subyuga, no lo crees, debe ser un error. Pero es. Allí está, en un borde, imponente, hablando de su historia, sin ningún turista. Te has transportado mil setecientos años. No sabes qué, pero algo has comprendido. Algo ha quedado en tu corazón. Lo recordarás por siempre. "Recordar", que significa "volver a pasar por el corazón".

Pero no. No es posible. El Presidente no puede. ¿Qué pasa hoy (se pregunta) que no hay naranjas en el patio de las naranjas? Le contestan que no es temporada. Pero, dirá, grabaremos un video. Y aquí comienza el porno, de nuevo. Traigan naranjas del supermercado, amárrenlas, finjan que ellas habitan ese árbol. Opta por la impostura, por el orgasmo falso.

Pero un día el porno fue develado. En pleno centro de Santiago uno de los primeros rayados después del estallido decía simplemente: "Piñera come pizza". La escena lo dice todo. Fue noticia en todo el mundo. El Presidente comía en una pizzería mientras la ciudad se quemaba por todas partes, mientras cuatro mil millones de dólares en daños se producían. El que escribió ese grafiti le devolvió la pornografía. He ahí la escena. ¿Quieres un *zoom* al genital? "Piñera come pizza". Lo resume todo. No se necesita más. Es la fotografía de tu indolencia, de tu evasión, de tu indiferencia. "Piñera come pizza" no significa nada. Solo es pornográfico.

3.
Karol Dance

La muerte de la transición chilena, que no es lo mismo que su final, ha sido pornográfica. Imbuida de su espíritu neoliberal, que equivale a decir "insuflada desde el desaliento", o articulada de "engranajes sin sentido", la transición se olvidó de establecer la ruta del barco y solo se quedó preocupada de la cantidad de carga a transportar. "¿Dónde ir?" y "¿para qué ir?" fueron preguntas prohibidas, no por censura, por simple desgano y por no encontrarle sentido a la pregunta del sentido. Una muerte pornográfica es una muerte cruda, una muerte que se produce en la búsqueda de la satisfacción del deseo. Estábamos sobre la máquina, viviendo en ella, de ella, con ella, cuando de pronto una explosión definió el fin de la ruta. En la franja del "No" un joven representa la generación que sale de la dictadura, cruzando un puente sobre el río Mapocho. Tras el joven, decenas de jóvenes lo siguen bailando. "La alegría ya viene". Y es que el puente es la transición. El grupo llega al punto más alto del puente, han dejado atrás la dictadura (la vereda norte del río) y se dirigen a la democracia (la vereda sur del río). En ese punto, en el más alto, en el más destacado, se detienen, dejan de caminar. Y siguen bailando. Salen de la dictadura; sí, es cierto, han salido, pero no llegan a la democracia. En el camino, bailan, piensan positivo, disfrutan de la fiesta, de la erótica juvenil. No piensan en el futuro, envejecerán. Serán transicionales. No transitorios, de hecho lo contrario. Serán lo transitorio convertido en eterno, un ciudadano subrogante.

El muchacho que lideró la escena es hermano de un importante dirigente de la Concertación, Jaime Estévez, quien fue presidente de BancoEstado. En su gestión en el banco público le prestó US$ 138 millones a Andrónico Luksic para que el Banco de Chile (de propiedad del empresario), que era el segundo banco del país, comprara al Banco Edwards y para que el empresario croata quedara con el 51% de la propiedad del banco. Gracias a este crédito, el Banco de Chile se convirtió en el banco más grande de Chile. ¿Qué banco dejó de ser el más grande? BancoEstado. Con su propio dinero se hizo la grandeza de su competencia. Con dinero del Estado se hizo la fortaleza financiera del que terminaría siendo el grupo económico más poderoso de Chile. ¿Cuándo se dio el crédito? El año 2000. Fue presidente del banco hasta 2005. El año 2006 el señor Jaime Estévez pasó a ser parte del directorio del Banco de Chile. Hasta hoy, cuando usted lee estas páginas, es miembro de dicho directorio. Su hermano sigue bailando en el puente. En el puente de plata que se construyó entre la política y la empresa, entre el Estado y el mercado. En medio de las tripas de este proceso, el hermano de Jaime Estévez parece que seguía bailando sobre el puente, haciendo de la transición un gesto amable y poco más.

La transición trajo la farándula y, con ella, el baile como el momento estelar en la televisión. Y en esta era el baile no era sublimación, no era desarrollo de un repertorio con el cual vivir la experiencia de nuestra propia vida. El baile fue evasión, fue hacerlo simple, pero fue también mercancía. Las tripas quedaban al aire. Nada podía ser ocultado, nadie quería ocultar nada, todo estaba sobre la mesa, incluso del modo más irrelevante, o del modo más grosero.

Y, en medio de la desnudez total y carente de toda fineza, el dinero. Pero no cualquier dinero. Su rasgo central fue haber perdido por completo la mediación del rito, el esfuerzo de dotar a la acción económica de un trasfondo.

En el origen del liberalismo económico está el afán de lucro basado en el ahorro convertido en inversión. Mi hijo pequeño suele negarse a defecar bajo el argumento "es mi caca, es mía papáaaa". La pulsión original del capitalismo es esa: hay que aumentar el tamaño de la propia bolsa, no dilapidar y trabajar muy duro. Comer mucho, acumular, cagar poco. El capitalismo en su versión financiera se concentra en invertir el orden: comer poco, cagar mucho. Y convertir los excrementos en fundamento de nuevos alimentos, o de cosas que parezcan alimentos. Mi hijo es un capitalista clásico. Pero una nueva era llegó y en esa era el arquetipo fue Karol Dance; un hombre de baile, de sexo, de simpatía, una mercancía inesperada. Si Marcelo Ríos fue el símbolo del Chile despolitizado y del "no estoy ni ahí", Karol Dance es el símbolo de una era que grita que está caliente, que no quiere mediaciones, que no quiere espíritu; que solo quiere el logro, el resultado, el éxito, el dinero, la penetración, los aplausos. Y ojalá todo conjugándose.

Pero como todo buen personaje, Karol Dance es una síntesis de una historia más compleja. Es una rareza que habita en el improbable ecosistema de la superación de clase y la superficialidad a la vez. Y en esta historia participa quien ayudó a crear esta era, pero que en una ironía gigante no podría avalar esta era.

Hablamos de Juan Pablo II, el papa.

El hombre que no podía avalar la era de la pornografía. Pero que no dudó en avalar la sexualidad retorcida al interior de los claustros, en el silencio de la confesión inconfesable. Pero dejemos al polaco tranquilo. Recordemos una de sus hazañas y ello nos llevará a nuestro personaje.

El 6 de abril de 1987 Juan Pablo II, el último papa investido de majestad, última versión de emanación divina en el hoy triste Vaticano, retornaba desde Santiago de Chile hacia Roma en el avión de Alitalia que estaba a su disposición. El viaje había sido un éxito, un éxito que no era nada fácil. Había cuadrado el círculo: felices los miembros de la oposición, felices en el gobierno. Era tan perfecto el resultado de su viaje a Chile que el papa de ultraderecha había recibido de ofrenda un hermoso disco de canciones especialmente compuestas para él realizado por conspicuos nombres de la izquierda chilena y latinoamericana: Gervasio, Piero y compañía ofrendaban al papa que hizo crecer al Opus Dei y los Legionarios de Cristo, que buscó (y logró) en su mandato dar el tiro de gracia a la Unión Soviética, que atacó duramente el socialismo, que se alió con Reagan y Thatcher en el más ambicioso proyecto de avance cultural de la guerra fría. En resumen, Juan Pablo II lo había logrado todo en el viaje: había saludado junto a Pinochet al pueblo, había protegido una mujer de izquierda en La Bandera, había puesto la piel de gallina a miles de personas en el Estadio Nacional apuntando actoralmente a Cristo, había llenado las calles y los eventos de fieles enfervorizados. Literalmente, había abrazado a dios y al diablo, sin importar cuál era cuál en cada instante.

Paseaba en su vehículo el genio político, el actor, el mesías, el hombre que desplegaba su infinito talento y a cuyos ruegos la realidad correspondía. En el Vaticano, mientras el papa viajaba y repartía la gracia divina, mientras derrochaba carisma y ofrecía el más delicioso y fantasioso opio del pueblo; en el Vaticano, decía, llegan inútilmente denuncias de diversos confines de la Tierra, acusando que el poder moral se había tornado inmoral, que los defensores de la prudencia sexual se desenfrenaban y buscaban para sí no solo el sexo, sino que también la impunidad asociada al hecho cuando dichos actos revestían delitos. Se paseaba Karol Wojtyla, saludo a saludo, defendiendo a los banqueros de Dios, a los financieros que invertían en cualquier negocio rentable con el poder de la Iglesia de Cristo a sus espaldas. Karol parecía una contradicción, pero qué genio político no es una contradicción.

Karol Wojtyla, el polaco, el anticomunista, patriarca de una Iglesia de elites, se iba de Chile bañado de pueblo dejando su carisma regado por cada trozo del suelo nacional. Todas sus faltas eran excusadas, todos sus aciertos habían sido convertidos en apología. Había combinado lo mejor de una estrella de rock y lo mejor de un referente moral. El plebiscito se acercaba. Los que votarían "no" estaban seguros de que el papa había viajado para apoyarlos. Lo propio pensaban los del "sí". Estos últimos quizás son más sensatos.

Los breves días que el representante de Cristo estuvo en Chile fueron excitantes. Las multitudes salían a las calles y esperaban horas con tal de verlo pasar, a veces raudo, saludando genéricamente. Pero el doliente pueblo necesitaba un mesías. Y ahí estaba, un papa carismático, de un país incomprensible, se transformaba en el alma del país. Era 1987, un año decisivo. Habían atentado contra Pinochet, habían encontrado un arsenal de armas en el norte y había pasado (¿pero había pasado?) el cometa Halley hacía exactamente un año. La época era ventosa, turbulenta, necesitaba un rito que la ordenara. Lo esencial era estabilizar el proyecto de salida institucional de la dictadura. Y ahí apareció Juan Pablo (el segundo, al primero lo habían matado), Karol, el papa viajero, el mensajero de la vida.

Dios sonreía. Un mes después de que el papa se subía el avión de Alitalia para volver al Vaticano, por única vez en la historia, una chilena ganaba el premio internacional Miss Universo. Los datos económicos eran buenos, por fin. Chile aceleraba para salir del túnel. Y el papa había saludado a diestra y siniestra. Chile parecía salir de años de abismo y muerte. El mensajero de la vida era interpretado por unos como el defensor de la vida del que está por nacer y, por otros, como el defensor de los derechos humanos. El peregrino de la paz venía a decir que el camino de la concordia y el encuentro entre rivales era el correcto.

Juan Pablo II era un genio político. Se había puesto el nombre del papa que aparentemente asesinaron sus propios aliados, como Atila, quien incorporó en su nombre el de su hermano luego de matarlo.

Una mujer embarazada vio a Juan Pablo II pasar en el papamóvil. Era Nancy Venegas. Enfervorizada, lloró y abrazó su vientre en el momento. Su bebé se movió estimulado. Ya tenía los nueve meses y el alumbramiento se avecinaba. Pocos días después nació su hijo. No tuvo dudas a la hora de bautizarlo con el nombre de quien la había emocionado recién días atrás, con el nombre real (no el religioso) del mensajero de la vida, del peregrino de la paz. El niño se llamó Karol. Si era necesario determinar la potencia del mensaje religioso y purificador del hijo, para el segundo nombre los padres decidieron que portara el nombre más impresionante de la historia: Jesús, el creador de la estirpe de la cual el papa se sentía representante. Karol Jesús Lucero Venegas veía por vez primera el mundo ese 17 de abril de 1987, en medio de un Chile agitado que tomaba forma entre cometas Halley, plebiscitos, vírgenes avistadas, frentes patrióticos, ceneís y militares disfrazados de civil para hacer olvidar el puño de hierro.

Ya en su nombre Karol representaba las contradicciones, o quizás las continuidades. Su apellido "Lucero" en latín se dice "Lucifer", el ángel caído, el brillante e inteligente ente celestial cuyos atributos lo llevaron a caer duramente por haberse llenado de violencia por la amplitud de su comercio. La dialéctica de Karol Dance es compleja. El nombre de Wojtyla, una de las mayores combinaciones del bien y el mal que se conocen. Un líder indiscutible de la derecha global, quizás el más carismático y hombre clave en la tríada Thatcher-Reagan-

Wojtyla. Por otro lado, el nombre de Jesús, el gran revolucionario igualitarista de la historia, el primer gran líder con un discurso que cruzaba las fronteras, el hombre que convirtió los ritos en ética para la vida, un reformador social adelantado a su tiempo. Pero Karol Dance tenía más: el nombre de Lucifer, el ambicioso ángel que destruyó su propia potencia para impugnar a Dios mismo.

Karol Lucero traía a Eros en su cuerpo. Pero también traía a Tánatos.

La combinación era explosiva.

Karol Jesús Lucifer iluminaba la noche y las discotecas. Y luego fue ángel del amanecer, con mucho gusto.

Su carrera en la conducción de eventos comenzó en la animación de las fiestas pokemonas, actividades que se realizaban por las tardes (desde las tres de la tarde normalmente) de los días sábado. Se trataba de fiestas con bebidas energéticas y muchísimo reguetón. Las descripciones expertas señalan que las muchachas iban con mucho maquillaje, el pelo liso, carteras brillantes y poleras de estrellas. Y los mismos expertos señalan que los muchachos usaban pantalones muy anchos, lentes de sol, jockeys, pelo corto arriba y largo atrás, en fin. Se requiere toda una antropología para ello. Allí fue donde Karol encontró un camino luego de retirarse de derecho y de estudiar modelaje y dicción. Daddy Yankee era su copiloto. Y el frenesí juvenil era su trabajo.

Allí fue poseído por la onda.

Y fue allí donde comenzó su carrera de posesión de mujeres.

Así comenzaba la pequeña historia de un ídolo posmoderno.

Luego vino el éxito, el descomunal éxito. Yingo fue el origen. Allí todo era baile. O nada era baile, según se piense y si acaso se razona. La cosa es que había mucho movimiento, o quizás hiperactividad con mucho déficit atencional. Y Karol se convirtió en el conductor luego de arrasar con la sintonía y el amor de las jovencitas. Las deseadas colegas caían a sus pies. Era un galán inusual, de baja estatura, débil, pero era un galán. Nunca se sabe, en el siglo XXI, hasta dónde puede llegar el concepto de "galán". Lo que se sabe es el efecto: el galán, que ya no galantea, posee los dones de los templos femeninos con una tranquila y dulce facilidad infrecuente en la historia. Demostró así, día por día, eso que llaman carisma, ese misterio que puede ser cualquier cosa. Allí fue cuando adquirió el nombre de Karol "Dance", haciendo referencia a la conjetura de que era su talento para bailar. Desde ahí en adelante a su vida arribó Schopenhauer: el amor, las mujeres y la muerte. Bueno, *la petite mort*.

Así podría describirse la historia de Karol Dance, un joven nacido en una comuna popular de Santiago que se convirtió en ídolo televisivo, que se llenó de fama, fortuna, parejas de belleza inolvidable. La vida le dio todo, pero sobre todo dinero y sexo. ¿Quién podría rechazar beber de ese cáliz? Rozó los extremos de la *hybris*, celebró su cumpleaños en un casino, puso desnudos a un modelo varón y una mujer con sushi sobre su cuerpo, demostró que el dinero estaba para ser usado con los placeres más simples y en los más escabrosos. Y se convirtió en un referente radial y televisivo, un nombre fundamental en los matinales, un animador internacional en la escena mexicana, pleno imperio latinoamericano.

Karol crecía cada día. Los ejecutivos de televisión aman estos personajes monstruosamente exitosos. Karol Dance parecía hacer temblar al mismísimo Don Francisco, ya agotado, viviendo a estas alturas la etapa en que cada conquista sexual denuncia al carismático por falta de carisma.

La ironía de la historia es siempre poderosa. Ese sí que es un enemigo poderoso e implacable. Karol padeció la ironía. Si había algo que su nombre portaba era el estigma del papa más fanático de la historia en condenar la impudicia sexual. Para Juan Pablo II el cuerpo humano pecaba fundamentalmente entre las piernas, lo demás era menos importante. Había una excepción: si el pecador era sacerdote. En ese caso, por transmutación sacramental, el pecado era simple falta, el error suponía un pequeño y ventajoso cambio de domicilio. En resumen, lo mandaban a pensar. Normalmente el pensador terminaba reflexionando largamente sobre cuáles serían sus siguientes destinos y sus siguientes víctimas. Y es que el Vaticano de Juan Pablo II era una corporación que entendía lo importante: si un sacerdote creaba nuevos sacerdotes cada año y si recaudaba dinero, entonces era imprescindible. La fe es demasiado etérea. Fue así que el Vaticano de Juan Pablo II dio plenos poderes a Karadima, a la parroquia de El

Bosque. Fue el párroco más poderoso del mundo, con un trato especial desde la oficina central. Y fue un párroco exitoso en lograr, por años, un fértil comercio de la carne, con su miembro viril como centro del restringido universo de los jóvenes que seguían sus pasos. Pero estas cosas eran omitibles para Juan Pablo II. Él quería hablar sobre la gente común, sobre los pobres de América Latina, de África, sobre esa gente normal que no tiene qué comer y que tiene muchos hijos. Y quería que tuvieran más. O que dejaran de tener sexo, lo que pasara primero. Así era. Estaba obsesionado con esos artefactos que habitan entre las piernas. Fue esa su agenda fundamental. Quién lo diría, Karol Lucero tenía la misma obsesión, pero con un matiz: su agenda fundamental era ocupar implacablemente esa zona del cuerpo para pecar, primero con las muchachas incautas de las fiestas pokemonas, luego con las modelos. Como Juan Pablo II, cada mañana al levantarse pensaba en el sexo, pero nuestro héroe chileno reflexionaba sobre el falso ídolo, no para luchar contra él por cierto, sino que para entregarse con fervor religioso a los movimientos y requerimientos de la carne. Por esa lamentable necesidad es que quizás no midió las consecuencias de recibir una felación mientras transmitía un programa de radio y una muchacha arreglaba los cables bajo el mueble, desarreglando los pantalones en el camino. Era una ofrenda, quién podría negarse. Ella bajó a mover los cables enredados y, de paso, quiso satisfacer a su ídolo. Y buscó, en medio del enredo de telas y cables, el tótem de la masculinidad, la cruz del decadente templo masculino. No sería Karol Dance quien se negara a semejante homenaje. Contrariado, pero feliz, se entregó al mundano placer. No vio las consecuencias de ser feliz, no pensó en los millones de resentidos. Tampoco pensó, y fue imprudente, que toda la escena se transmitía por Facebook. Y que millones de personas vieron sus contracciones faciales, sus ojos evadiendo el mundo, su sonrisa de satisfacción y sorpresa. Sus hombros se movían erráticos como Presidente en crisis.

Era inimaginable.

Karol Jesús recibía una mamada en vivo.

En el nombre de Juan Pablo II.

El Lucero Lucifer había hecho su trabajo.

Así son los grandes hombres, contradictorios. Unos dijeron: ídolo; otros respondieron: degenerado.

Cristián Warnken pensó en escribir algo sobre ángeles caídos. No lo hizo.

Pero un día Chile despertó. O estalló, como usted prefiera. Era un 18 de octubre. En tres días, Chile pasó de una protesta de estudiantes por el alza del Metro, evadiendo el pago en los torniquetes, a US$ 500 millones en daños en la red de Metro, a saqueos y costos de infraestructura urbana de US$ 5.000 millones; transitando luego a un estado de excepción, a militares en la calle, a un Presidente que declaró la guerra sin saber a quién. Nadie lo podía creer. Karol Dance se abrumaba en su cuarto pensando en la próxima muchacha que iría a su apartamento. Y en la siguiente. Y en cómo lo harían con el Metro cerrando temprano. Karol Dance, por lo demás, es sensible a las problemáticas de la derecha; es hijo del éxito, del rotundo y triunfal Chile transicional. Por ello el despertar de Chile le pareció más bien una pesadilla. Pero, claro, las pesadillas no lo tocaban. Pasaban encima sin tocarle, como el ángel de la muerte ante las casas judías en Egipto, sin tocar a los bebés varones, los primogénitos condenados por Dios. Y es que la última plaga con la que Dios atacó a Egipto fue la de la muerte de los primogénitos. Es en la fecha de la Pascua de Resurrección de los cristianos; esto es, para orientarnos, el domingo de resurrección es el domingo siguiente a la luna llena que se ha producido después del equinoccio de marzo (el arribo del otoño en el sur del mundo, de la primavera en el norte). Esa misma fecha corresponde a la Pascua de los judíos, pero ellos conmemoran la última peste con la que Dios los defendió en Egipto, la ya mencionada muerte de los primogénitos.

Esa misma noche pasaré por todo Egipto y heriré de muerte a todos los primogénitos, tanto de personas como de animales, y ejecutaré mi sentencia contra todos los dioses de Egipto. Yo soy el Señor. La sangre servirá para señalar las casas donde ustedes se encuentren, pues al verla pasaré de largo. Así, cuando hiera yo de muerte a los egipcios, no los tocará a ustedes ninguna plaga destructora (Éxodo; 12-13).

Pasar por encima, sin tocar, esa es la fórmula perfecta para afrontar una tragedia colectiva. Que el ángel de la muerte azote la ciudad, pero que sobre mi territorio, mi hogar, mi cuerpo el ángel simplemente pase por encima, sin tocarme. Y eso sentía Karol Dance. Tantas críticas que le habían hecho, pero nunca lo tocaban. Cuando hizo el *nyotaimori* para su cumpleaños las críticas fueron brutales, pero finalmente no pasó de una humorada, de una innovación. Es cierto que dos cuerpos convertidos en bandejas humanas no parece ser precisamente una señal de emancipación, pero Karol estaba sobre aquello. Allí estaba su carrera, perfecta, fácil, como un regalo de Dios y con la complicidad del mismo Demonio. Para eso se habría reunido en su nombre la magia de Karol, de Jesús y de Lucifer. Había sobrevivido al sushi fetichista, a la felación en vivo. Nada podía torpedear su talento. Su cuarto seguía siendo un espacio visitado por divinidades paganas, curvilíneas, neumáticas, tersas, lúbricas, turgentes. Con adoración, su tótem gozaba del derecho a conocer un templo tras otro. Los males no lo tocaban, pero los bienes estaban a su merced, podía tocarlos, deleitarse, convertirlos en templo efímero de un rito mistérico, convertirlos en templos permanentes de una religión como Dios manda. Así era… era.

El lunes 21 de octubre de 2019 muchos esperaban que el estallido social hubiera sido un mal sueño, una incomodidad existencial, una fiebre que terminaría con el paso de las horas y tomando una buena dosis de agua. Quizás Karol salió a la calle, sin pensar un instante en Wojtyla. Los rayados se sumaban unos a otros. Piñera era el principal destinatario, el culpable, el enemigo del pueblo. Le parecía doloroso a Karol; el Presidente le resultaba grato. El segundo culpable, en los muros de la ciudad, era el primo hermano del Presidente, su ministro de Interior, Andrés Chadwick. También esto le dolía a Karol, sensibilizado con la causa de la derecha política y con la seriedad de un ministro tan competente. Pero los culpables seguían apareciendo en los muros. Estaban los Carabineros de Chile, ACAB mediante. La maldita trinidad de la primavera chilena. Eran culpables. Los dos primos millonarios, uno mucho más que el otro. Los dos con historias negras. Los dos poderosos. No a todos les pasa, pero son los costos de la política.

Pero el tercer nombre propio más reiterado le llamó la atención.
Y despertó sus alarmas.

Era su propio nombre.

O al menos su nombre artístico.

Karol Dance.

Chúpalo, le decían, directamente y sin protocolo.

"Chúpalo Karol Dance" rezaban los muros, uno tras otro. Era el tercer culpable del estallido. ¿Qué tenía él que ver con los treinta pesos? ¿Y qué tenía que ver con los treinta años? Nada. Solo había navegado sus aguas, pero nada había hecho y, ya puestos en plano autocrítico, no le parecía que hubiese mancillado gravemente a nadie. Chile había despertado desregulado y Karol Dance oficiaba de culpable. ¿Qué tenía que ver el joven galán con la desigualdad, con el costo de la vida? Quién puede saberlo. Pero en la sociedad chilena el muchacho, el monstruo del éxito rotundo y de la biografía laboral imposible, se había convertido en símbolo del abuso. Los rayados no acusaban a Luksic, no referían a Angelini, no atacaban a Paulmann. ¿Era injusto? Difícil saberlo. Pero lo cierto es que Karol Lucero era otro culpable de la desigualdad, del neoliberalismo, de la injusticia, de la protección de los poderosos. Mirándolo bien, sí era muy injusto. Porque ese debía ser Karol Wojtyla, el polaco fanático. Pero el mundo es cruel y Juan Pablo II es santo. La maldición, en cambio, estaba sobre Karol Jesús Dance Lucero Lucifer. Y Venegas, que ha quedado fuera de juego.

Un Dios lo había castigado. Y en el *big bang* de la sociedad chilena Karol era parte de la nueva materia oscura, de la tropa de malditos, de culpables. El mundo estaba al revés. En esta ocasión debía ser él quien, en la imaginación de millones de chilenos, debía someterse al rito fundacional de hacer la mamada. Es el mundo invertido de las culturas primitivas, la búsqueda del momento cuando todo funcione exactamente al revés. El estallido dijo: si a Karol se la han mamado en vivo, que sea él quien la mame ahora. "Chúpalo Karol Dance", sentenciaron. ¿Qué culpa tenía él de la ofrenda de la muchacha de los cables? Ninguna, se había dejado amar, quién no lo ha hecho. Pero el violador era él. Y miles de mujeres bailaban al ritmo sorprendente de un himno contra la seducción impenitente del macho alfa de nuevo cuño. ¿Él macho alfa? Es cierto que es casi raquítico para tales efectos, es cierto que no intimida, pero, a la manera de la posmodernidad, sí, es un macho alfa.

La calle decía "chúpalo Karol Dance" y normalmente lo acompañaba otro texto: "Karol Dance degenerado". Esta acusación era más sencilla, más resentida, más doliente. "Chúpalo" era el modo mayor, "degenerado", el modo menor. Pero siempre Karol, sentenciado por un tribunal invisible como culpable. Él no se había coludido, no había subido el Metro, no había construido la educación privada. Pero era el culpable.

Karol pisaba las calles nuevamente de lo que era Santiago ensangrentado.

Karol pisaba las calles nuevamente, de una ciudad movilizada.

Chile había despertado y Karol no estaba en los planes del nuevo orden. O, más bien, estaba en los planes de la guillotina. Había llegado el terror revolucionario, el día del juicio, el momento de la revelación. Todos debían sentarse frente a sus pecados. Y Karol tendría que desfilar ante ellos. Era el Karol de los infiernos, Karol Lucifer II.

Era una vez más un ángel caído.

El impune Wojtyla se alejaba del horizonte y lo dejaba solo. Karol se quedaba aislado, con su nombre ya sin papa.

En el matinal de Mega sus servicios habían sido suspendidos. El estallido social requería otros nombres.

Karol era una víctima. Y también era el culpable. De nuevo era Jesús y Lucifer a la vez. Comandante en jefe del inframundo e injustamente crucificado al mismo tiempo. He ahí Karol, en el Calvario, en el Gólgota, justo a las afueras de las murallas de una Jerusalén imaginaria, Karol caía en desgracia. Su padre lo había abandonado.

La clave está en su monstruosidad.

Un sujeto que se resiste a las clasificaciones es un monstruo. Muchas culturas consideran a las gallinas una monstruosidad porque tienen alas y no vuelan. Lo inclasificable es fascinante, pero temible.

¿Por qué Karol era culpable?

El modelo neoliberal establece una nueva forma de caracterización social y, por tanto, una nueva forma de configuración de monstruos. La forma monstruosa del Chile hacendal es diferente. Por ejemplo, el inclasificable es el hijo del patrón con la sirvienta o cualquier ejemplo de linaje fallido. En la sociedad neoliberal, una sociedad de consumo, la clasificación en la sociedad depende de lo que se posee. Solo en el tener no hay engaño. El linaje da un poco lo mismo, aunque se mantenga siendo un deporte de ricos. Y esa posesión deriva, supuestamente, del mérito. La promesa es que se trata de una sociedad justa, que premia al que trabaja y castiga al que no. O que, en el peor de los casos, alguien que trabaja puede carecer de actitud y ello fundamenta su derrota.

La clasificación positiva de alguien en sociedad debe estar asociada al mérito. El talento y el trabajo duro deben significar mejores ingresos, estos se traducen en capacidad de consumo y acceso a bienes relevantes, valiosos, de prestigio. Eso confiere poder y nuevas oportunidades. He ahí el flujo virtuoso. El mérito anclado en el esfuerzo y en la legalidad, la buena educación. Esta era la fantasía que el neoliberalismo produjo en los chilenos. Y, claro, todos sabían que no era del todo cierto. Todos entendían que había quienes estaban eximidos de evaluación y que pertenecían a los privilegiados sin mediar análisis. Y eso se aceptaba, a pesar de todo, porque tenía un fundamento histórico y tradicional. Toda sociedad es relativamente transigente con sus propios resabios. No digamos que está bien, pero es así. Un Errázuriz vale más que mil títulos.

El nuevo Chile emprendedor y neoliberal intentaba decir que sus ojos eran de justicia, aun cuando sus manos toleraban algo de abuso. Pero prometían vencerlo.

La meritocracia era la ideología del modelo. A quienes les acompañaba el éxito, algo tendrían de bueno. Y a quienes no, algo tendrían de malo.

Pero surgió un monstruo. Karol Lucero no tenía ninguna característica para entrar en la elite. Y lo lograba sin mérito alguno. No tenía los méritos correctos, tampoco los equivocados.

La meritocracia se caía a pedazos.

Karol era la contradicción normativa completa. Su desregulación sexual contrastaba con su apoyo al partido más conservador de Chile, el partido que conspiraba para frenar las campañas por el uso del preservativo o que se negaba al aborto y que incluso se negó en principio al divorcio. Karol olvidaba su condición de clase, o al menos el mero uso funcional de su clase (como señal de logro, de ascenso); solo agravaba su aspiracionalidad. He ahí su monstruosidad, su carácter inclasificable, su maldición a la espera de su activación.

Karol Jesús Lucifer era el símbolo del fracaso cultural del modelo, el fracaso que nacía de su consolidación como mero sistema operativo. Y he ahí que surge un grafiti curioso, que, en vez de escribir "Karol Dance degenerado", prefiere decir "Karol Baile degenerado". En pleno centro, al costado del cerro Santa Lucía, el grafiti irrumpe. En un gesto decolonial el grafiti cambia el anglicismo "dance" e incorpora el castellano más sencillo "baile", evitando el uso del inglés y reivindicando el idioma principal de América Latina. Ya no es Karol Dance, sino Karol Baile.

Y es que un día Karol Jesús despertó siendo un degenerado. En el despertar de Chile, en el resentimiento de los perdedores, recordaron la escena de explícito triunfo más sorprendente. Ya es increíble que, de la nada, una chica te haga una mamada. Pero otra cosa distinta es que desee ofrendar dicho placer en medio de la transmisión para Chile y el mundo. Además de que no había sido una felación compensada. Y Karol se fue quedando en silencio.

Karol Dance valía su peso en degenerado.

La ola social, la moral y el feminismo pasaron por encima de él.

No se encontró ningún cuerpo de valores capaz de justificarlo porque la sociedad decidió que Karol Dance era todo abuso y debía ser castigado.

El monstruo del éxito murió el 18 de octubre de 2019. Miles de personas quemaban la ciudad por la riqueza mal habida, por la injusticia, por el costo de la vida, por el abandono de los niños y por una mamada que reflejaba el poder absoluto de los televisados. La protesta no tenía tema, era una protesta contra todo. Incluso contra Karol Jesús, que no entendía que su mamada era pura desigualdad.

Houellebecq dice en *Ampliación del campo de batalla*:

Definitivamente, me decía, no hay duda de que en nuestra sociedad el sexo representa un segundo sistema de diferenciación con completa independencia del dinero y se comporta como un sistema de diferenciación tan implacable, al menos, como este. Por otra parte, los efectos de ambos sistemas son estrictamente equivalentes. Igual que el liberalismo económico desenfrenado, y por motivos análogos, el liberalismo sexual produce fenómenos de empobrecimiento absoluto. Algunos hacen el amor todos los días, otros cinco o seis veces en su vida, o nunca. Algunos hacen el amor con docenas de mujeres, otros con ninguna. Es lo que se llama la ley del mercado. Algunos ganan en ambos tableros, otros pierden en los dos. Las empresas se pelean por algunos jóvenes diplomados; las mujeres se pelean por algunos jóvenes; los hombres se pelean por algunas jóvenes; hay mucha confusión y mucha agitación.

Karol Dance era la ampliación del campo de batalla del neoliberalismo, era la demostración del segundo sistema de diferenciación, el sexual, distinguiendo fracasados y exitosos. Karol era transaccionalmente un éxito total. Había acumulado una fortuna inaudita en el subsistema sexual. La felación podía ser vista como su pecado, como su Banco de Talca, pero también podía ser vista como su logro, su grandeza. Y antes de que Chile despertara esto último acontecía.

Pero guardado estaba, agazapado en los bordes de la sociedad, el juicio a Karol por degenerado. Los privilegios debían terminar y, entre otros, no debía existir nunca más el derecho a llamar espíritu a la carne.

La trinidad del padre, el primo y el pobre exitoso perdía su grandeza, su fuerza. Piñera, Chadwick y Karol eran el símbolo de un modelo que perdía extremidades, órganos y se llenaba de muros defensivos.

En un muro de un centro eclesial un grafiti rezaba: "Piñera, chúpaselo a Karol Dance". El neoliberalismo se había convertido en procacidad.

El campo de batalla del neoliberalismo se hacía más estrecho. Y el modelo de los Karol, el chileno y el polaco, se había derrumbado. Uno de ellos seguía siendo santo, de todos modos; el otro, para su desgracia, solo era consignado como un degenerado. Y el santo, que tanto protegía degenerados, a este no lo protegió.

4.
Qué hubiera escrito Neruda

Ricardo Arjona es el pornógrafo de Neruda. O al menos del Neruda del amor, ese Neruda que está en el límite del cliché, pero que lo aborda como el piloto que en una pista de automóviles decide tomar la curva fuera de la ruta establecida, aumentando el riesgo. Pero Neruda siempre fue por el camino, por la ruta de la gran poesía, del vate iluminado. Hoy esto suena a crítica. En mi visión solo es admirable. Jugar el juego de los grandes es muy complicado, meterse a competir con los clásicos supone un arrojo extraordinario. Para mí, con el perdón de Nicanor, lo digo con respeto, no se puede comparar a uno con el otro. El disidente que no ha construido un orden siempre ha sido disidente. Y nada más. Si Nicanor quería bajar los dioses del Olimpo, lo logró. Pero, ¿por qué sacar los dioses del lugar que les corresponde? Lo cierto es que Arjona es el pornógrafo de Neruda. Es capaz de tomar el manjar de los dioses para cucharearlo mientras camina por una calle donde el aceite quemado por las frituras nos aborda en la hora de almuerzo. Arjona hace como si doblase fuera de la ruta lógica del camino, pero no gira. Solo apuesta al muñón poético que queda en nuestras sociedades actuales. Incapacitados de comprenderla, nos movemos ciegos entre los pueblos de la poesía. Nos acompaña el crepúsculo y una soledad llena de mensajes por el celular. Arjona tomará una palabra y la convertirá en antónimo; unirá elementos inconexos como relaciones o antípodas inexistentes; sacará de la filosofía o la teología un concepto que se le ha aparecido en la calle una tarde de sol y decidirá, sin previo examen, convocarlo para un verso sin rima, para una noche sin luna, para una parálisis mental que otorga un pequeño placer. Y con eso basta. Neruda limita al norte con el lugar común, pero también tiene frontera con la perfección y la belleza, con la altura de los dioses y el alma del pueblo. Arjona toma su cámara fotográfica y con el lente se aproxima todo lo que puede al lugar común, observa sus vísceras, las filma, las fotografía y luego las expone al mundo bajo el argumento de que en ese lugar, en ese objeto, subyacen el cuerpo, la carne, el deseo y el amor.

Arjona es el pornógrafo de Neruda.

Neruda	Arjona
Puedo escribir los versos más tristes esta noche. Yo la quise, y a veces ella también me quiso. En las noches como esta la tuve entre mis brazos. La besé tantas veces bajo el cielo infinito. Ella me quiso, a veces yo también la quería. Cómo no haber amado sus grandes ojos fijos.	El amor tiene firma de autor en las causas perdidas El amor siempre empieza soñando y termina en insomnio Es un acto profundo de fe que huele a mentira El amor baila al son que le toquen, sea Dios o el demonio.

Piñera ha citado en diversas ocasiones a Arjona. Puede ser una forma de comunicación efectiva la que lo inspiró. Pero fue más lejos. Siendo candidato a su segundo mandato habló de sus planes para la tercera edad y citó los famosísimos versos de Arjona: "No le quite años a su vida, póngale vida a sus años". Habrá que decir que tuvo el gusto de omitir la aclaración final de Arjona, que luego del juego de palabras incluye "que es mejor". Pero más allá del matiz de buen gusto de Piñera, lo cierto es que aumenta la apuesta y señala que es necesario recurrir a la "sabiduría de Arjona". Usted dirá, "era candidato". Y, claro, es una condición subhumana aquella en la que toda moral está en suspenso y todo buen gusto es un estorbo. Pero habrá que decir que las citas de Piñera a Arjona se produjeron también en su primer mandato e incluso un mes después del estallido convocó el nombre de Arjona nuevamente. No innovó demasiado, volvió a lo que podríamos llamar la tesis sobre la vejez del poeta guatemalteco.

El 7 de septiembre de 2009 Sebastián Piñera se encontraba en plena campaña presidencial. Era su segunda campaña de este tipo y sería la primera de ellas que ganaría, en un hito histórico. Envalentonado por la historia que avanzaba, escribió en twitter una reflexión de prosa poética con fronteras claramente "arjonianas":

"[¿]Nunca han mirado las estrellas, la galactea (sic) o el fondo del alma? Una cosa es mirar e intentar descubrir y otra cosa [es] ver que (sic) es lo sensorial".

Cuando escribió este texto en twitter eran las diez de mañana. Podría imaginarme la escena estando en campaña y viajando por el norte, recorriendo la ruta acercándose a Copiapó, observando el cielo y su descomunal belleza, su agobiante grandeza. Puedo imaginar a quien le han fallado las palabras, que solo ha encontrado pobreza en su boca y una necesidad insana de manifestarse sobre lo experimentado. De esa combinación es natural que salgo un exabrupto, una falla geológica en forma de poema fallido. Pero eran las diez de la mañana. El día antes había ocurrido un aluvión en el camino a Farellones. Sebastián Piñera estaba abstraído, sin embargo, reflexionando sobre el vasto universo y había decidido construir un neologismo: "galactea". Una genialidad. Me recordé del cuento de Borges más famoso, "El Aleph", en el que el mismísimo Borges se confronta con un poeta llamado Carlos Argentino Daneri. Algunos imaginan que el personaje es una referencia irónica a Neruda, otros piensan que es a Lugones, lo cierto es que Daneri "arjonea" bastante, es su precursor.

> Sepan. A manderecha del poste rutinario
> (viniendo, claro está, desde el Nornoroeste)
> se aburre una osamenta —¿Color? Blanquiceleste—
> que da al corral de ovejas catadura de osario.

Como todo mal escritor, su principal característica es la capacidad de explicar el fondo de la obra, ilegible en principio. Y de explicarlo señalando la profundidad, los bordes, el corazón palpitante de belleza que encierra su texto. Daneri aclara lo que está oscuro. Libera del encierro esa verdad melindrosa. Y se explica:

> Dos audacias —gritó con exultación—, rescatadas, te oigo mascullar, por el éxito. Lo admito, lo admito. Una, el epíteto rutinario, que certeramente denuncia, *en passant*, el inevitable tedio inherente a las faenas pastoriles y agrícolas, tedio que ni las geórgicas ni nuestro ya laureado *Don Segundo* se atrevieron jamás a denunciar así, al rojo vivo. Otra, el enérgico prosaísmo *se aburre una osamenta*, que el melindroso querrá excomulgar con horror pero que apreciará más que su vida el crítico de gusto viril. Todo el verso, por lo demás, es de muy subidos quilates. El segundo hemistiquio entabla animadísima charla con el lector; se adelanta a su viva curiosidad, le pone una pregunta en la boca y la satisface... al instante. ¿Y qué me dices de ese hallazgo, *blanquiceleste*? El pintoresco neologismo *sugiere* el cielo, que es un factor importantísimo del paisaje australiano. Sin esa evocación resultarían demasiado sombrías las tintas del boceto y el lector se vería compelido a cerrar el volumen, herida en lo más íntimo el alma de incurable y negra melancolía.

Con esta misma alma, pero con aún menos talento, Piñera reseñó esa mañana el inefable universo. Quizás llegando a un acto de campaña, quizás revisando algún informe de citas de los que se procura para parecer culto, Piñera se conmovió con el universo. Y fue entonces que inventó una palabra: "galactea". ¿Qué hubiera dicho Carlos Argentino Daneri para explicar esta afortunada creación? Puedo imaginar al pedante decir: "Son dos palabras que se juntan, dos conceptos que hablan de nuestro lugar en el cosmos, han sido unidas las palabras /galaxia/ y /vía láctea/ en un solo término /galactea/ capaz de sintetizar dos tradiciones, la griega y la latina. Porque /galaxia/ significa 'relativo a la leche' y la /vía láctea/ es el nombre latino para un hecho griego: Zeus ha sido infiel a su esposa Hera, quien intenta asesinar al hijo procreado en la ilegítima relación, pero el bebé logra sobrevivir y, al nacer, Atenea, la diosa, logra convencer a Hera que dé leche de su propio pecho al hijo de su marido. El bebé, sin embargo, succiona de manera muy violenta y Hera se retira, derramando la leche. Esa leche producirá un camino celeste, 'el camino de leche', la *vía láctea*. Por eso (dice Carlos Argentino Daneri; no lo olviden, es quien habla ahora) la creación es sublime: galactea, la síntesis, la amistad grecolatina, pero también la conexión del ser humano con su hogar, nuestra galaxia, y al mismo tiempo con todas las galaxias, que son todas referidas a la leche. Pero el verso del poeta chileno va más lejos. Pregunta si has mirado la galactea o el fondo del alma, el macrocosmos y el microcosmos, el mayor interior y todo el exterior. Y luego, el fragmento donde los ojos pierden valor, porque es interesante, pero menor, mirar y descubrir, pero otra cosa es 'ver qu[é] es lo sensorial'. La pregunta filosófica derrumba el edificio, pero la filosofía sigue en los ojos, sigue en los sentidos. El poeta reivindica el cuerpo, la materia" Esto diría Carlos Argentino. Piñera recibió pullas por este tuit, pero fue en realidad su "arjonismo" más delicado, su mayor intento por arribar a la poesía.

Pero Piñera, hemos dicho, es menos culpable de la pornografía que víctima de ella. No puede evitar producirla, pero no siempre ella sale de su mano o su boca. Se trata de una tragedia, de una maldición, de un atavismo. La pornografía lo persigue. No puede ser respetado, no puede ser querido, el logro siempre vive con la impotencia, todo es impostura. Vivimos en una era en la que los transmutadores en pornografía abundan. Piñera es evidentemente uno más, pero la historia quiso que fuera el corazón del proceso, que fuera el punto donde se anudan todas las hipótesis, toda la falta de significado y la ausencia de amor. Porque, en definitiva, la pornografía es la suspensión deliberada y obsesiva del amor.

La pornografía es el alma de una época. Y busca, la pornografía, sus víctimas que reproducirán este orden. Fue así con el pobre Karol, con Piñera, con Jiles. Y es que ella, Pamela Jiles, es la pornografía del derrumbe del modelo. Su rostro condensó la hemorragia de las AFP, que se ha propiciado en sucesivos retiros de diez por ciento de los fondos de pensiones. Pamela Jiles comenzó prostituyendo el rito con su Naruto en pleno Congreso Nacional. Su gesto tenía un mérito: celebrar el triunfo ante las AFP. No fueron muchos quienes estaban llanos a aquello, habrá que reconocerlo. Pero sus retiros se fueron convirtiendo en meras herramientas y sus ataques rabiosos y superficiales fueron la música de fondo de cada retiro: desde el candado chino hasta el "conchadesumadre" (dedicado a ti Sebastián) fueron parte del repertorio. Pero al final del día Pamela Jiles no era más que el resultado, el filme porno, que permitía comprender el fondo de la historia: los grupos económicos no podían controlar el escenario. Pamela Jiles no supo decir que eso confería un enorme poder a la sociedad. Prefirió mantenerse en la *performance*, enamorarse otra vez de sí misma, humillar a su marido en una carrera demente y terminar colapsando frente a un camino presidencial que se abrió una efímera tarde para no conocer la mañana siguiente.

Sebastián Piñera es el pornógrafo de la derecha.

¿Qué hubiera escrito Jaime Guzmán?

¿Qué hubiera pintado Nemesio Antúnez?

¿Qué hubiera informado el gran Edwards al imperio?

Sebastián Piñera, estallido mediante, decidió cuidar la billetera fiscal, no gastar dinero. Y llegó la pandemia. Y nuevamente decidió ser austero. La derecha sonreía con la fortaleza del hombre, pero también le anunciaban lo ridículo de su actuar: ¿Por qué no endeudarse y salvar los muebles como sector? Pero el pornógrafo no teme que los órganos estén expuestos. Y los dejó a la intemperie. Y, para incrementar el daño a su sector, decidió entregar la Constitución Política.

Para él era normal.

En su opinión, la Constitución son solo papeles.

Y en cambio el dinero es un papel que es oro.

Desde su muerte, Jaime Guzmán se ha revolcado en su tumba muchas veces. Y en varias ocasiones el culpable es Piñera. Porque este señor considera que la política importa menos que el dinero. Y entonces prefiere ahorrar en las cuentas públicas y entregar la Constitución Política a las manos de los mapuches, comunistas y toda clase de bestias del horror. He ahí Guzmán, revolcándose en su tumba, observando al demente que cree que el dinero es más que la palabra hecha ley, que piensa que Dios ha de haber entregado dinero y no tablas escritas en medio de una zarza incandescente. Guzmán se revuelca. Algo siempre le hizo pensar que la estirpe de donde proviene Piñera, no la familia, sino de la subespecie, iba a destruirlo todo.

5.
La obscenidad

Sebastián Piñera carece de misterio, y sin misterio, dice la teoría sociológica (Loïc Wacquant y Pierre Bourdieu), no hay ministerio, no hay proceso de delegación de poder, no hay transferencia de la magia del poder. Uno de los rasgos centrales del poder radica en su capacidad de traspasarse a partir de procesos rituales o de complejas modificaciones del sentido en la comunidad donde ese poder reside. Un cambio cultural, un hecho, puede modificar las estructuras de poder. Lo he vivido personalmente. Hasta 2011, la sociología (y, con ellos, los sociólogos) no tenía mucho valor para la sociedad. Era normal en realidad. Los procesos eran bastante transparentes, residían en las elites y era mucho más importante comprender los fenómenos partidistas que los procesos sociales. Por supuesto, es una ceguera pensar que los procesos de la sociedad no deben ser investigados cuando la situación no es álgida, pero también es cierto que las ciencias no están en realidad muy alejadas de las tendencias culturales y políticas, y por ello muchas veces se ciñen a los intereses de cada época, sin explorar más allá. En resumen, salvo contadas excepciones, los estudios políticos de la época se habían circunscrito a los problemas de la transición política. Por fuera de la frontera de esa delimitación, poco o nada avanzaba. El Congreso Nacional era investigado en sus votaciones, los gobiernos en sus aprobaciones, las políticas públicas en sus avances y desafíos, los partidos en sus votaciones y la historia interna del sistema político era el factor heurístico que se consideraba central. Por debajo, por fuera, agazapado en un rincón, se acumulaba malestar. Había sido combatido con una campaña publicitaria: "Piensa positivo". En definitiva, sentir que el proceso de integración en la sociedad fallaba era un asunto psicológico o, más simple, una cuestión de actitud. Los procesos de ilegitimidad fueron desacreditados. La tecnocratización de todas las ciencias del poder había dado el tiro de gracia a un conocimiento más profundo.

La tecnocracia es la gran ausencia del misterio. En la visión tecnocrática, la sociedad no debe tener la libertad para la construcción de su destino. El destino no tiene la capacidad de ser traducido como un destino que eleva el espíritu humano, o la creación del futuro. Eso es lo típico de la tecnocracia: no existe la libertad, porque no hay nada mejor que la mejor alternativa, la única técnicamente viable o la mejor desde la perspectiva técnica. Por supuesto, esto es epistemológicamente falaz y políticamente inaceptable. La perspectiva técnica depende de la "ciencia" a la que adscribamos. Y la visión técnica es un concepto reciente en la historia que refiere a una forma aplicada del saber científico que traduce en acciones lo que la ciencia ha definido como teoría. La palabra "técnica" era originalmente lo que entendemos como arte, como destreza. Pero desde la revolución científica se convirtió en la hermana siamesa de la ciencia. Esa perspectiva que va inoculando sus formas de hacer en la política se denomina tecnocracia, una clase dirigente normalmente informal que incide en el tránsito democrático. No se ha de confundir con el especialista de un saber técnico que va a dar su perspectiva sobre un fenómeno. El tecnócrata considera que hay un conjunto de fórmulas relativamente estables que deben aplicarse. De ese modo restringe los posibles futuros y se desentiende intensamente de la creación del futuro, al tiempo que se resta por completo y sin remilgos de cualquier discusión sobre la elevación o caída del espíritu humano.

La tecnocracia no quiere ser una fuerza creadora del futuro; la tecnocracia simplemente es una operación, una operación que apela a su eficiencia.

He dicho "fuerza creadora". ¿Sabían que Jaime Guzmán se obsesionaba con esa enunciación?

El tecnócrata ofrece la profecía de la modernidad, pero no es verdad, no es verdaderamente el profeta de la modernidad. Porque el profeta es normalmente un puro portavoz personal de carisma, cuya misión anuncia una doctrina, o un mandato divino. En términos políticos, es específico en los profetas que no reciban su misión por encargo de los hombres, sino que la usurpen. Pero la falta de consideración del profeta frente a los destinatarios de la profecía, su falta de empatía por decirlo así, se compensa con el hecho de que él mismo es un instrumento de una divinidad. Con este gigantesco poder delegado por los dioses, el profeta construye su camino en medio de la tormenta. Pero Sebastián Piñera nunca tuvo a los dioses de su lado. Más bien, fue víctima constante de sus ironías. Y cuando los dioses ironizan contigo lo hacen de un modo muy fino: te castigan con lo que has buscado, que sea tu pecado más solícito el que te aplaste. Y es así que Sebastián Piñera, príncipe de la positividad, de la presencia visible, príncipe de las acciones humanas y financieras, príncipe de las operaciones que hagan tambalear a sus socios, recibió un día grandes toneladas de su propia compulsión obscena.

Durante este escrito hemos rodeado la palabra "obscenidad", hemos construido para ella una primera frontera, bastante externa, que nos permita movernos con cierta libertad, pero con ciertas restricciones. Lo obsceno se produce cuando nos enfrentamos a aquello que es repulsivo, que contempla hechos u objetos que debieran ser desechables, basura, pero que han sido convocados para su presencia, su uso, su goce. He ahí la obscenidad. La ausencia de tacto, de sutileza, de elegancia. Proponer que haya un mercado de la educación puede ser una maldad, pero no es obsceno. El obsceno va y dice, enunciando en modo definitivo: "La educación es un bien de consumo"; se solaza con el hecho.

Cuando sobrevino el estallido social hubo un silencio estructural por varios días. Más allá del audio filtrado con Cecilia Morel contando a sus amigas la magnitud de la catástrofe (y demostrando que la elite comprendía de qué se trataba) y de su esposo declarando la guerra, los discursos eran poco claros y contradictorios: desde "no lo vimos venir" a "ya sabemos el diagnóstico, es hora de actuar" (sin decir nunca cuál era el diagnóstico). Lo cierto es que el sistema político tuvo una voz equivalente al silencio. Y la prensa no lo hizo mejor. El fin de semana del estallido se suspendieron los programas políticos. ¿Qué le parece? Como ha pasado algo políticamente muy importante, entonces se suspenden. Formidable. Obsceno. Solo estaban sobre la mesa los hechos, ese amasijo de situaciones escalofriantes que el periodismo a veces hasta llama "información". Pero no se había comprendido el acontecimiento. ¿Qué es un estallido? Es una disrupción, es una alteración momentánea del ánimo social que supone una protesta informe, más energética que informativa, más explosiva que denunciante. En la disrupción la obscenidad ha llegado al punto de su explicitación y, ante ella, no queda más opción que hacerse cargo. Hay numerosos casos de abusadores de menores que son los padres de ellos. En algunas ocasiones la madre lo sospecha, pero no hace nada. Incluso los psicólogos hablan de la "ley del silencio", de una particular comunión de las parejas que asumen secretos horribles (sin que ninguno diga jamás que sabe el secreto), lo que transmuta su relación en un vínculo más incomprensible y, por ello, más sólido. Pero si un día la esposa se ve confrontada al hecho de manera palmaria, si debe afrontar una denuncia seria de un pariente, probablemente estalle disruptivamente. Y es que la perversión que aflora es obscena. La basura ha salido de su escondite. Algo pasó en el Chile de 2019 que la obscenidad apareció de pronto frente a nosotros mismos. El estallido no fue un hecho político ni policial: fue un hecho existencial.

¿Cómo definir el estallido?

El estallido se define por una negación: "No son treinta pesos, son treinta años". Lo que está sobre la mesa, el aumento del precio del Metro, no es lo importante. La clave está en la historia. La divinidad exige que no veamos lo que está frente a nuestras narices, nos exige que observemos lo que se escapa, lo que no está visible, la suma de todas las palabras y de todos los dolores de treinta años.

Un niño disruptivo puede lanzarse de cabeza a un muro. Busca herirse, llamar la atención, calmar su angustia, son muchas cosas. No es el muro. Son los años de vivir lo que no ha logrado procesar. A veces la autoridad, los padres, pierden la paciencia y declaran la guerra a la situación y, con ello, a su hijo. Fue lo que hizo el Presidente Piñera: declarar la guerra. Una sociedad se ahoga ante el desengaño, la desilusión, el desamparo. Y el Presidente le declara la guerra. Una sociedad se agrede a sí misma y se le declara la guerra. No en vano los días siguientes del estallido la calle se llenó de grafitis lacónicos, llenos de estupefacción. Darío Quiroga y Julio Pastén hicieron un ejercicio y fotografiaron todos los rayados de un cuadrante del centro de Santiago. El ejercicio muestra numerosas imágenes que parecen la descripción traumática del horror a partir de un hecho o un gesto mínimo: "Piñera come pizza" decía uno, refiriendo a la noche del estallido, en la que Piñera es fotografiado comiendo pizza en un local de Vitacura mientras se quema el Metro. Otro rayado pude verlo mientras caminaba por el Parque Bustamante: el personaje (capitalista) del juego Monopoly está frente a una pesa, una báscula, calculando el peso de cientos de ojos, su tesoro. El millonario Sebastián Piñera, el Presidente, aparece con una fortuna hecha de ojos perdidos, de ojos lejanos a sus cuencas. Los colecciona. En otros muros encontramos solo un rostro triste y la palabra "mal". También vimos la bandera negra, a veces invertida, de Chile. Esta forma de semantizar la realidad irá chocando con su contraria, aquello que podríamos llamar el poema épico, esos rayados que dotan de sentido a la acción, que plantean una esperanza. Son esos rayados como "aquí nació y aquí se murió el neoliberalismo". En la distancia de las dos fórmulas está el camino de construcción de la palabra.

Fue así como en nuestra debacle existencial vimos la obscenidad última: el Presidente declarando la guerra, la represión como única forma de mediación política, el Presidente comiendo pizza, el Presidente parando a comprar vino para su casa, el Presidente fotografiándose en el epicentro, en la herida, haciendo homenaje a la fractura, ya que, ahora, ha quedado expuesta. Y no solo eso. Lo vimos levantar la mano para pedir la palabra. Y fue así como muchos días el Presidente hablaba en cadena nacional. ¿Y qué comunicaba? Nada. Divagaba frente a nosotros, jugando a un anuncio que nunca llegaba. De tanto no anunciar nada, un día tuvo que anunciar el cambio de Constitución Política. Tuvo que anunciarlo todo.

La obscenidad había sido el sustrato, la base geológica de nuestra época. Pero de pronto afloró y se convirtió en la superficie, en la corteza, en la litósfera, el lugar común de la basura acumulada. Salimos a la calle y todo había sido declarado sin voz alguna. Las ratas paseaban dominando la escena de un basural distribuido por toda la sociedad, destruyendo toda particularidad. Locales comerciales tapiados por doquier, horarios de trabajo reducidos a la mitad, calles sin autobuses; la gran alteración. Y fue así que, ante tamaña evidencia, la obscenidad se defendió a sí misma. Compungido, un militar le dice al ministro de Defensa Alberto Espina que salir con los militares a la calle es riesgoso e inútil dado que no pueden disparar. La respuesta del ministro fue simple: "Los militares que no disparan no son militares". La columnista Teresa Marinovic escribió al día siguiente de la caída de un muchacho al lecho del río Mapocho, habiendo quedado herido de gravedad, hecho ocurrido mientras era perseguido por carabineros. Es posible que haya caído solo por el envión al llegar al borde del río, pero no se descarta que haya sido empujado por el carabinero que lo perseguía. En medio de esta tragedia, la licenciada en filosofía y hoy constituyente comentaba, al día siguiente: "¿Cómo sigue el estado de salud del joven que practicaba natación ayer en el (río) Mapocho?".

Una fiebre de ocupar los últimos minutos del poder se apoderó de la elite. No de la elite más relevante, sino de aquella que vive de las emanaciones fantasmagóricas de los más ricos y poderosos. Ese fragmento de la elite que, de alguna manera, es arribista y que guarda un resentimiento social importante, solo que en vez de depositarlo en los ricos lo deposita en aquellos que con un poco de suerte podrían alcanzar su posición. Fue así como aparecieron numerosas situaciones en las que alguien "roteaba" a otro. Había que dar hasta que doliera. Pero "dar" no era donar, era golpear. Y por otro lado, la defensa popular, era el "el que baila pasa"; es decir, el cobro de un peaje basado en el ridículo para permitir pasar en automóvil en medio de una protesta. Si de buena gana alguien bailaba, la masa enfervorizada aplaudía y gozaba. Si el temor se apoderaba del personaje, entonces correspondía la sanción.

El momento se debatía en el sitio más importante de la sociedad: en el corazón de las normas. Cada coma, cada palabra era más importante que nunca, cada una revelaba un secreto. Pero Piñera no podía verlo. El obsceno no desea vivir en un mundo obsceno: desea ser el corruptor, desea que la suma de todos los otros tengan que trabajar de sol a sol para procesar la basura que ha procurado. Pero tal y como le queda grande el mundo que busca un fin espiritual, intelectual, valorativo, también le queda grande el mundo obsceno, en el cual no sabe vivir. Quiere ser obsceno en el mundo de la gente que busca algo más porque en esa perversión radica su poder. Ambos mundos le quedan grande. Y la chaqueta también.

Hace algunos años tuve ocasión de conversar con un candidato a la Presidencia de un país latinoamericano. Luego de conversar un grato café, comprendí que era un liberal bastante puro. Entre medio me habló de que había anunciado que defendería la pena de muerte. No entendí. Le pedí que me explicara con detalle eso. Al final dijo la verdad: las encuestas decían que el 90% de las personas consideraban positiva la pena de muerte. Le expliqué que los conservadores defienden la pena de muerte por valores. Pero que, si él era liberal, su defensa de la pena de muerte estaría vacía. Y, de ser así, sería visto como un asesino. Luego de una hora o un poco más nos despedimos. Al día siguiente me llamó por teléfono. Dijo que había llegado a su país y en el aeropuerto lo esperaban con escándalo para pedir explicaciones sobre sus dichos sobre la pena de muerte. Me confesó que jamás habría pensado que mi explicación sobre la importancia de los fundamentos tuviera ese peso. Pero es así. Hoy nos escandalizamos porque el Talibán en Afganistán defiende la pena de muerte explicando lo positivo que es para el castigado, y algunos en Chile echan a correr el video en el que Jaime Guzmán decía lo mismo. Y así es. Y no es obsceno. Por el contrario. Es la convicción religiosa de aquel que considera que el mundo terrenal es un accidente, que es irrelevante finalmente. ¿De esa reflexión puede derivarse la obscenidad? Puede ser, pero aún no ha ocurrido. Podemos decir que Guzmán estaba loco, pero no podemos decir que carece de fundamento. Y un fundamento no es solo una promesa. Un contenido fundante es la "patria joven", la "revolución en libertad" o la "Unidad Popular". Incluso es un fundamento la idea de un "país de propietarios". También lo es "la alegría ya viene" o "crecer con equidad". Pero, ¿qué es "tiempos mejores"? "Tiempos mejores" no tiene nada detrás, es pura positividad, es pura orientación al resultado, pero al mismo tiempo es vago. Es la peor mezcla. Carece de misterio y es vago. Solo afirma: allí viene el futuro y vas a estar mejor. Aquí comienza, y aquí termina, el significado de la frase histórica del presidente Piñera, "tiempos mejores", punto.

Un mundo tecnocratizado transforma la dimensión operativa en el protagonista de la sociedad. El carácter pornográfico radica en la presencia de la repetición, pero no como rito, sino como simple fetichismo. Las cosas se repiten, pero no se repiten como se repiten las cosas interesantes, como rito, sino que simplemente como fetichismo. Es todo fetichismo.

Piñera fue dejando al desnudo el motor del Estado, de la política; su acción es siempre desacralizadora; sus problemas no son errores comunicacionales, es la incapacidad de hacer política. Compra Colo-Colo y un canal para ser Presidente; sus operaciones políticas siempre muestran las tripas.

Pero usted dirá, suponiendo que acepte lo aquí dicho como una reflexión plausible: "Quizás el hombre carece de misterio, pero nadie puede negar que ha tenido mucho poder". Y entonces surge la pregunta sobre el objeto más nervioso y esquivo de las ciencias sociales: el poder.

¿Y qué pasaba con el poder? Se daba por sentado.

Dar por sentado el poder es una cosa habitual. Pedro Castillo acaba de asumir como Presidente de Perú. Su triunfo ha inflamado ciertos sectores políticos, ya sea para bien o para mal. La verdad es que lo principal de Castillo es que es uno de los casos de mayor debilidad en el poder en la historia de Perú. Y eso es mucho decir. Desde la salida de Fujimori en 2000, han sido ocho los presidentes que han ocupado el cargo, varios de ellos por dos años, uno por seis meses. Pedro Castillo está débil, nació débil en realidad. Incluso como candidato. Se votó en contra del resto, no por Castillo. Y tiene al frente un grupo de poder (el fujimorismo) que ha intentado llegar a la presidencia, sin éxito, desde la salida del padre. Por ello el poder real de ser Presidente de Perú es discreto. Quizás cuando usted lea estas páginas Castillo ya no sea Presidente de Perú. ¿Y en Chile? ¿Qué pasa en Chile hoy? El poder que tenía un Ricardo Lagos o incluso un insulso e incompetente como Frei Ruiz-Tagle no es igual actualmente. No importa que Sebastián Piñera sea un multimillonario y Presidente de Chile en dos ocasiones, no importa que haya demostrado tener diversas agendas internacionales que tuvieron su momento de crecimiento. No, no importa. La verdad es que su poder es discreto, el más bajo de la historia reciente de Chile.

El poder es un fenómeno plástico, sumamente cualitativo. Sus conversiones en números son siempre discutibles, aunque puedan ser útiles. La gracia del poder es que sea delegado y al mismo tiempo absoluto. Esa es su cuadratura del círculo. Los poderosos deben decir al mismo tiempo que el poder les ha sido otorgado (dios, la tradición, el pueblo) y que en nombre de ese otorgamiento solo vienen a dar cuerpo, a representar, el mandato recibido. Pero al mismo tiempo el poderoso dirá que su mandato ha conferido a su persona el poder de representar; por tanto, que su visión personal, que su perspectiva es representativa necesariamente a partir del hecho originario ("votaron por mí", "dios me eligió en un sofisticado procedimiento") que todo lo explica y justifica.

El poder es siempre un ministerio. Es lo que Bourdieu llama la "alquimia de la representación", donde el ministerio es siempre un delegado. Dios ha delegado en la Iglesia, en el ministerio de la Iglesia, su representación. Eso se observa en el Evangelio de San Mateo (16; 18-19) donde dice: "Tú eres Pedro, y sobre esta piedra edificaré mi Iglesia, y el poder del infierno no la derrotará. Te daré las llaves del reino de los cielos; lo que ates en la Tierra, quedará atado en el cielo, y lo que desates en la Tierra, quedará desatado en el cielo". Probablemente esta cita sea una de las más importantes de la historia, porque es una frase que ha tenido un peso enorme en la historia de Occidente. Esta es la cita que funda la Iglesia de Cristo. Y la palabra /ekklesía/ por entonces tenía un significado que provenía del griego: era la asamblea desde la cual se definía a los magistrados e indirectamente a los miembros del consejo (areópago). Por lo tanto, el significado del uso de la palabra "iglesia" por Cristo no es obvio. Ha sido una fuerte interpretación entender que la Iglesia es la burocracia que hemos conocido hasta hoy. Pero esto pasará con cualquier poder. Es imposible seguir la huella de sus fundamentos, de su peso histórico. Siempre hay momentos fundamentales en su importancia que han derivado de una alquimia, de una transmutación de elementos de un orden a otro, del prestigio de un noble a un poder de la nobleza; de un discurso conmovedor, al poder del grupo enunciador; de la solución económica a una crisis de recursos, al poder de los administradores. El poder es rotundo y rocoso, pero formidablemente plástico. Como señalaba anteriormente, la paradoja incomprensible para un paradigma es la que permite el surgimiento de otro. La ciencia política no pudo explicar las explosiones sociales de 2011, en el año de mayor aumento del ingreso de los hogares en muchos años. No quedó otra más que ir a buscar a la sociología y otras ciencias, hasta entonces auxiliares. Y lo mismo pasó en 2019. El estallido social por un aumento de $30 pesos en la tarifa del Metro no cabía en la cabeza de aquellos que entienden la política como un sistema de poleas, de pesos y contrapesos.

La alquimia de la representación es la clave de la política, es el proceso que permite consolidar la existencia de un grupo, justamente en su ausencia, y con la mera presencia del representante. Aparece el representante y con ello aparece el misterio. Y derivado de esto se expresa el ministerio. No sabemos por qué representa todas esas cosas, simplemente lo hace, esa es la divina gracia del ministerio, que nadie tiene que preguntarse lo que es al mismo tiempo obvio y absurdo: "Está entre nosotros el representante del pueblo de Francia" dice el presentador. Y esa referencia es comprensible, pero absurda; cierta, pero falsa; abusiva, pero precisa.

Entonces el misterio de la magia performativa, dice Bourdieu, se resuelve en el misterio del ministerio, que es un juego de palabras usado por la Iglesia católica en la Edad Media. Es el grupo hecho hombre, hecho carne, personificado, en persona ficticia, cuerpo real en una persona ficticia. A cambio recibe el derecho de hablar y actuar en nombre del grupo. Esa es la idea del estatus de ser un magistrado, de tener un ministerio; "el Estado soy yo", dice Bourdieu, o, lo que equivale a lo mismo, "el mundo es mi representación".

Ese es el gran acto de poder, el verdadero acto de poder es el misterio del ministerio, y el misterio del ministerio opera por negatividad. No es lo que hace el representante lo que otorga el ministerio; por el contrario, la clave de la representación está en la magia de no hacer lo que se hace, de no producir lo que se produce. El acto de poder es metafísico en sus resultados, aunque sea violento en su forma. Y su metafísica es la de traspasar el poder, es la transmutación. El hermosísimo e histórico discurso de Salvador Allende en sus últimas horas ha marcado la historia de Chile y ha subyugado, por su perfección, a millones de personas en el mundo. Pero ese discurso no fue político en este sentido. Fue el punto más elevado de una tragedia, un momento poético extraordinario:

En nombre de los más sagrados intereses del pueblo, en nombre de la Patria, los llamo a ustedes para decirles que tengan fe. La historia no se detiene ni con la represión ni con el crimen. Esta es una etapa que será superada. Este es un momento duro y difícil: es posible que nos aplasten. Pero el mañana será del pueblo, será de los trabajadores.

La humanidad avanza para la conquista de una vida mejor.

Pagaré con mi vida la defensa de los principios que son caros a esta Patria. Caerá un baldón sobre aquellos que han vulnerado sus compromisos, faltando a su palabra... roto la doctrina de las Fuerzas Armadas. El pueblo debe estar alerta y vigilante. No debe dejarse provocar, ni debe dejarse masacrar, pero también debe defender sus conquistas. Debe defender el derecho a construir con su esfuerzo una vida digna y mejor.

El pueblo debe defenderse, pero no sacrificarse. El pueblo no debe dejarse arrasar ni acribillar, pero tampoco puede humillarse. Trabajadores de mi Patria, tengo fe en Chile y su destino. Superarán otros hombres este momento gris y amargo en el que la traición pretende imponerse. Sigan ustedes sabiendo que, mucho más temprano que tarde, de nuevo se abrirán las grandes alamedas por donde pase el hombre libre, para construir una sociedad mejor.

Cuando Allende dice "nos aplasten", cuando contradictoriamente dice que no es posible sacrificarse, pero que hay que defenderse, sencillamente demuele la fortaleza política y pasa a estructurar un momento cristológico ("pagaré con mi vida la defensa de los principios que son caros a esta Patria"), un momento cuando la carne de uno es el alma de todos y su sacrificio será capaz de limpiar los errores. La postergación final de la historia, "Superarán otros hombres este momento gris", produce un efecto exánime. La certeza de la acción ha quedado en otro sitio. Lo de Allende es exactamente lo contrario de la pornografía, es la poesía. Es una abundancia enorme de negatividad, de lo dicho por lo no dicho, de la insinuación. La respuesta será exactamente lo opuesto: la violencia, la muerte, la tortura, las grandes transformaciones del Estado, la activación de las empresas del Estado en forma de empresas privadas, el dinamismo, la antipoesía en definitiva (no en el sentido de Parra, no se ofendan).

Ricardo Lagos fue la falla en el verdadero esfuerzo del misterio de la transición. Fue al mismo tiempo su apoteosis, el que mejor llevó el misterio, el que mejor trabajó la insinuación, la metafísica. Pero también fue su caída. Con él quedó en evidencia que esta era una época que no tenía la capacidad de producir misterio y política al mismo tiempo. Que podía tener misterio, por cierto, como lo fue Bachelet, pero que no podía conjugar el misterio con el poder, como también revela Bachelet. Y cuando la época se quedó sin la capacidad de construir misterio, sencillamente se convirtió en pornografía. Y ese momento, el cuerpo de esa encarnación, fue Piñera.

Piñera fue el olvido del misterio y el refugio de la política en el resultado.

Hay milagros a los que les falta Dios. Es el caso de los milagros que ha procurado Sebastián Piñera, pues cuando ha hecho milagros siempre le ha faltado Dios, siempre ha existido una especie de gran ateísmo a su alrededor, un aura atea, cuando no demoníaca. Recibiendo uno a uno a cada minero, puesto de pie, fue destruyendo también al mismo tiempo en medio de su gloriosa apoteosis toda negatividad. Los dioses hicieron su prueba y le regalaron al destructor de ritos el más maravilloso de los ritos posibles: el milagro de la resurrección. Podía desenterrar del inframundo y traer a la vida a 33 hombres, trabajadores, en el corazón de la producción de Chile, en el sueldo de Chile. Eran 33 mineros que ya habían sido desahuciados por la sociedad, pues parecía imposible que estuvieran vivos. Y lo estaban. Y en el gobierno de Piñera se apostó por poner foco a la búsqueda y los encontraron y luego los sacaron. Eran 33 agujas en un pajar gigantesco. Y Piñera tuvo la osadía, la suerte y la capacidad para sacarlos. Y gracias a ello podría haberse levantado sobre los cielos más altos, en el panteón más sorprendente. Tuvo un momento moral. Y él creyó que las reliquias religiosas se podían prostituir. Está bien que los mercaderes multipliquen los dedos de los apóstoles para venderlos. Pero el papa no puede hacerlo. Piñera lo hizo. Y lo volvió a hacer. Y nuevamente lo hizo. País que pisaba y entregaba un testigo de la mina, un pedazo de piedra de la mina. Se dedicó a los huesitos de santos. El empresario arriesgado y millonario, el único de los superricos de Chile que hizo la fortuna en una generación, el único político de derecha que ha ganado dos veces una elección desde que hay voto universal en Chile. Y fue él quien giró su buque para dedicarse a las reliquias religiosas, a los trozos de piedra.

Piñera decidió que su presencia, en la salida de cada minero, uno por uno, era esencial. No se distanció. Como si Cristo hubiese saludado a cada uno de los que recibió los panes y los peces multiplicados, como si se hubiera acercado para decir: "Yo lo hice". Los presentes hasta llegaron a adorar las máquinas que los rescataron, a los ingenieros, pero Piñera no tardaría en destruirlo todo. Vio este logro como un crédito y decidió gastarlo despidiendo a Bielsa. Vaya genio político. Pudiendo ser un santo eligió una operación política contra alguien que lo había ofendido.

Piñera se apostó a la salida del agujero, esperando que ese efluvio de esos objetos sagrados (de esos mineros), el efluvio del papel escrito por ellos, el efluvio de la grúa que permite penetrar y encontrar a los mineros, el efluvio de las herramientas y de las ingenierías, de la acción, del apoyo, de las personas que estaban allí; como diría Cortázar, todos los efluvios, El Efluvio, tenían que depositarse en su carne, y nada más que en su carne, por mera proximidad, por asociación ilícita.

Esa obsesión por la propia presencia, por la visibilidad, traduce el milagro en un evento sobrecogedor, pero al que le falta Dios. No terminamos diciendo "el alma de Chile pasa por este instante como pasó con Prat saltando al Huáscar". No, decimos que "es como una gran película" y hasta Piñera facilita que se haga la película, pero nada de eso puede desarrollarse con interés. Por supuesto que es emocionante ver gente que se salvó, que no se murió luego de un trance tan espantoso y riesgoso, pero aparte de eso no quedó absolutamente nada. Y es que por ahí había pasado Piñera, el profanador de ritos.

Ni la "patria joven", ni la "Unidad Popular", ni la "extirpación del cáncer marxista", ni la "alegría" fueron promesas hechas solo de carne, eran también espíritu; Piñera no comprende esa dimensión. En su primer discurso a la nación como Presidente de Chile, el año

2010, Piñera dice como elemento central: "Antes de que esta década concluya, Chile habrá alcanzado el desarrollo y superado la pobreza". Era un rendimiento, un resultado. Chile debía ser un resultado. Y luego de ello agregó: "Nuestro desafío es probablemente el más audaz y ambicioso que gobierno alguno haya planteado ante el Congreso pleno". Ese es Piñera, gritando al mundo: ya tengo un récord, un nuevo récord, el de la promesa más grande que nadie ha hecho ante el Congreso pleno. ¿Es pensable que sea así? Seguro que no. Pero, incluso si lo fuera, Piñera es el primero en anunciar al Congreso que lo que él promete es lo más importante que se ha dicho en cualquier Congreso pleno de la historia. No solo es una locura megalomaníaca, es también pura positividad. Aquí estoy, para crecer y ser desarrollados. De aquí a diez años.

Y mientras Sebastián Piñera colecciona metas y objetos que arroja sobre la mesa del país, que nos deposita para verlas y palparlas y sentirlas como la última manifestación de su potencia; al mismo tiempo, las calles se llenan nuevamente de lo que ha sido Santiago ensangrentado. Y en una hermosa plaza liberada, él se sienta para emporcar el nido. Y ante la irrupción del dios demócrata, del pueblo, solo puede responder amedrentando y anunciando el error del público presente, que no entiende lo que ve, que no sabe lo que hay, que en vez de agradecer ha de protestar. Y entonces anuncia más objetos inertes y llena de muerte a la república. Y los seres vivos salen a la calle a declararse vivos y gritan que han despertado, gritan su presencia, señalan la rebeldía contra tu colección mortuoria, contra tu colección de objetos, contra tu colección de piedras, papeles y testigos de una mina abandonada. Y te miran. Y les sacas los ojos. No eres tú, es tu pesadilla de enterarte del vacío que te inunda. Y los récords, positivos, deliciosos, se quedan en un cajón, con un libro sobre tu legado, con tu solidez austera ante la demanda inclemente; todo eso se pudre en tu despacho y el olor de la muerte inunda un palacio que conoce de tragedias, de muertes, del dolor de una patria que ha tenido que revivir tantas veces. Y afuera los humanos se rebelan ante tu obra y las promesas de crecimiento las refieren como un sueño, bueno o malo; quién puede saberlo ya, pero irreal al fin. Y tú proclamas el oasis de Latinoamérica. Y el fuego no te deja terminar las palabras. La derecha te mira, lo sabes, con esas viejas ganas de echarte la culpa de todo. Algo de razón tendrían, habrá que decir, pero no toda. Y tú respondes, porque siempre devuelves el golpe, con un candidato nuevo, ajeno a toda disquisición anterior, un hombre hecho de matinales y palabras vacías, quizás aquello con lo que siempre soñaste ser. Y respondes bien. Y tomas control de la derecha. Y te garantizas de que luego de destruirlo todo, de dejarla hecho pedazos, tú si puedas seguir viviendo. "Después de mí, el diluvio", dijo un rey. Tú dirás: "Después de mí, el marepoto". Pero quizás el mar arrase tu costa antes Sebastián. Chile vive tiempos constituyentes. Pero tú vives tiempos destituyentes.